Herausgeber/Verlag

Kronshagener Agentur & Haase Verlag GmbH
Matthias Fehrke · Tonberg 11 a · 24113 Kiel
mf@marlowski-magazin.de

Autor & Fotograf

Licht & Feder
Marco Knopp · lichtundfeder.de
info@lichtundfeder.de

Gestaltung

die zwei Context GmbH
Tonberg 11 a · 24113 Kiel
diezwei-kiel.de

Redaktion

Christopher Voges · Stefan Meckel

Rechtstext: Dieses Werk ist urheberrechtlich geschützt. Kein Teil des Buches darf in irgendwelcher Form ohne schriftliche Genehmigung des Herausgebers vervielfältigt beziehungsweise verbreitet werden. Alle Rechte an Texten und Fotografie, insbesondere das Recht der Vervielfältigung und der Verbreitung, der Speicherung in Datenspeichern, der Fotokopie, vorbehalten. Alle Fotografien sind von Marco Knopp, außer auf S. 52/53 von Thomas Lang.

Auflage: Oktober 2014
ISBN: 978-3-9816327-5-0

HUNDERTSECHS METER KIEL

»Hundertsechs Meter« – ein neues Längenmaß für Kiel

Was versteckt sich hinter dieser ominösen Zahl? Alle Kielkenner wissen natürlich sofort, dass sich hinter den »Hundertsechs Metern« die Höhenangabe des Kieler Rathausturmes verbirgt. Trotzdem ist der größte Rathausturm des Landes nur einer von 17 Orten, die auf den folgenden Seiten beleuchtet, beschrieben und vorgestellt werden.

Mit Kamera, Stift und Notizblock bewaffnet hat sich Fotograf und Journalist Marco Knopp in der Landeshauptstadt herumgetrieben. Das Resultat dieser Streifzüge haltet ihr gerade in euren Händen. Ein reiner Bildband? Nicht ganz. Neben dem besonderen Bildmaterial sind es auch die unterhaltenden und informativen Kurzgeschichten, die »Hundertsechs Meter Kiel« einen ganz eigenen, kuriosen und einzigartigen Charme verleihen. Wichtig dabei ist, dass die Texte ruhig mit einem Augenzwinkern verstanden werden dürfen. Dieses Buch soll an erster Stelle Spaß machen und unterhalten. Wenn dabei auch noch die eine oder andere Information über Kiel bei euch hängen bleibt, ist das ein toller Bonus.

Entstanden ist die Idee zum Buch durch die gleichnamige Rubrik im Kieler Magazin »marlowski«. Für das Stadtmagazin ist Knopp unterwegs gewesen, um Kiel aus seiner Sicht zu zeigen. Dieses Buch hat dabei allerdings keinen Anspruch auf Vollständigkeit. Dafür sind die schönen Orte dieser Stadt zu zahlreich. Kiel ist nämlich wesentlich schöner und vielfältiger als sein Ruf. Vielleicht sind ja auch eure liebsten »Hundertsechs Meter« dabei. Oder ihr entdeckt ganz neue Plätze in Kiel, die einen Besuch wert sind.

Viel Spaß beim Blättern, Betrachten und Schmökern.

Inhalt

Kanalfähre Adler I   2
Fährwell Kiel

Die Hörnbrücke   10
Das klappt!

Der Landtag   18
Schnitzel mit dem Ministerpräsidenten

Die Forstbaumschule   26
Kiels grünes Bremspedal

Die Sankt Nikolaikirche   34
Ein stiller Schlachtgesang im Gotteshaus

Die Gorch Fock   42
Ein Nichtschwimmer spielt Kapitän

MFG-5   50
Das alte Gelände des ehemaligen Marinefliegergeschwaders

Der Kieler Rathausturm   58
Ein italienischer Phallus mit englischem Glockenspiel

Der Alte Botanische Garten 66
Baumstark und blütenzart

Der Falckensteiner (Hunde-)Strand 74
Von kalten Schnauzen und heißem Kaffee

Der Tiessenkai 82
Tango an der Kante

Das Eiderbad 90
Familiäres Abtauchen

Der Hauptbahnhof 98
Die Schönheit der Hektik

Die Neue Schleuse 106
Vom Schleusen und Singen

Der Warleberger Hof 114
Die geohrfeigte Stadt und eine Handvoll Hosendiebe

Der Schreventeich 122
Lord Sven oder der zusammengeklöppelte Name

Kanu-Polo an der Kiellinie 130
Tauchende Paddel und fliegende Tore

Kanalfähre Adler I

Fährwell Kiel

Kieler Sommer. So hat mein Opa dieses Wetter immer genannt. Genau wie er bin auch ich ein großer Fan der Wettertalente unserer schönen Stadt. Diesig, leichter Regen und ein mildes Lüftchen, welches dir die Tropfen waagerecht ins Gesicht schmeißt. Herrlich! Ich stehe in Kiel am Kanal. Um genauer zu sein, in der Wik am Fähranleger. Ich ziehe meine Mütze tiefer ins Gesicht und scheuche meinen Blick von der mit feinsten Grautönen gekochten Wolkensuppe über mir zu der kleinen grün-weißen Fähre, die vom Holtenauer Ufer auf mich zugedüst kommt. ADLER I und KIEL stehen an der Seite und geben den Schiffsnamen und Heimathafen dieser kleinen, aber besonderen Personenfähre an.

Die Fähre legt vor mir an und oben öffnet sich ein Fenster. »Du musst der Fuzzi von der Zeitung sein, von dem mir die Reederei erzählt hat«, höre ich von oben. »Jawohl«, gebe ich schmunzelnd zurück und tippe dabei mit zwei Fingern an meine Mütze. Ich steige die paar Stufen hoch zum kleinen Steuerhaus und öffne die Tür. »Willkommen an Bord«, werde ich von Kapitän Matthias Hoffmann begrüßt. **»Komm nur rein, wir haben hier oben zwar nicht viel Platz, aber dafür ist es gemütlich.«** Die Adler I legt wieder ab. »Ist die Bezeichnung Kapitän auf einem Einmannbesatzungsschiff nötig?«, möchte ich als erstes wissen. »Bei mir schon«, wird mir lachend geantwortet. »Ich habe das Kapitänspatent und daher bin ich nun einmal auch Kapitän.«

In der Tat benötigt man auch für die kleine Adler I mindestens ein Binnenschifferpatent, um dieses Schmuckstück über den Kanal lenken zu dürfen. »Ich glaube, so eine Fähre wie diese hier gibt es nicht oft. Die lässt sich lenken wie eine Badewanne. Wenn ich will, kann ich wie ein Panzer auf der Stelle drehen, und das dank eines speziellen Antriebes«, erklärt mir Matthias Hoffmann, während wir wieder auf den Holtenau-Anleger zuschippern. Gemeint ist der sogenannte »Schottel-Ruderpropeller-Antrieb«. Hierbei läuft eine angetriebene Welle senkrecht nach unten aus dem Rumpf und am Ende dieses Gehäuses ist eine Propellerwelle, die waagerecht unter Wasser verläuft. Bei der Adler I befindet sich diese Welle direkt in der Mitte der Fähre. Sie ist um 360 Grad drehbar und kann so den Propellerstrahl in jede Richtung lenken.

»Sie müssen hier ja den ganzen Tag zwischen den großen Pötten, die aus der Schleuse raus oder in selbige rein wollen, herumschiffen. Gab es schon einmal Kollisionen oder brenzlige Situationen?«, möchte ich wissen. »Nein, da passen alle gut auf hier«, beginnt der Kapitän. »Wir haben ja auch Ausweichpflicht gegenüber allen gewerblichen Wassergefährten. Daher sehen wir natürlich zu, dass wir niemandem in die Parade fahren.« Wir legen erneut am Wik-Ufer an. **Die Fähre legt knapp alle 15 Minuten von jedem Ufer ab, was bedeutet, dass sie pro Stunde achtmal den Kanal überquert.** Während jetzt im »Kieler Sommer« eher weniger Personen diesen tollen und kostenlosen Dienst nutzen, werden im echten Sommer bei schönem Wetter auch gerne mal bis zu 2.500 Menschen pro Tag auf der bis zu sechs Knoten »schnellen« Adler I transportiert.

Die Fährverbindung Kiel Wik/Holtenau verdankt ihr Dasein einem alten Gesetz aus Kaiserzeiten. Dieses besagt, dass alte Wegverbindungen, die durch den Bau künstlicher Wasserstraßen unterbrochen werden, durch Fähren oder Brücken wiederhergestellt werden müssen. 1907 wurde eine alte Pontondrehbrücke abgebaut und eine Hochbrücke weiter südlich errichtet. Als Brückenersatz für die Fußgänger wurde dann eine Personenfähre eingesetzt. Und diese Verbindung gibt es noch heute.

»Was gibt es denn sonst so für Schwierigkeiten auf dem Kanal?«, frage ich von meiner journalistischen Neugier getrieben weiter. »Nebel und Eis«, kommt es kurz und knackig zurück. »Manchmal ist der Nebel so dicht, dass du nicht einmal die Mitte des Kanals erkennen kannst. Aber dann wird das Radar angeschmissen und ein wenig mehr aufgepasst.« Die hydraulische Personenrampe fährt wieder hoch und wir legen erneut ab.

»Beim Eis dagegen ist das nicht so einfach«, spricht Matthias Hoffmann weiter. »Im Winter vor zwei Jahren habe ich mich mal in der Mitte des Kanals festgefahren. Der Kanal selber friert ja nicht wirklich zu, aber bei starkem Westwind treibt das ganze Eis aus der Elbe hier herein. Dann hat man so eine Art Packeis und da drinnen hing ich dann fest.« Das leichte Lächeln auf den Lippen lässt mich erahnen, dass es nicht schlimm ausgegangen ist. »Ich habe die Maschine dann immer von rechts nach links geschaukelt und mich so freigewühlt. Bin wieder zurück an den Anleger gefahren und hatte den Rest des Tages frei«, endet die Geschichte mit einem Lachen.

Aber nicht nur die Geschichte, sondern auch erneut die Überfahrt und mein Besuch auf der Adler I sind beendet. Ich bedanke mich bei Kapitän Matthias Hoffmann für seine geopferte Zeit und öffne erneut die Tür vom Steuerhaus. »Viel Spaß im Regen«, werde ich mit einem Grinsen verabschiedet. Erst jetzt fällt mir auf, wie muckelig warm es in dem kleinen Häuschen war. Ich ziehe meine Mütze wieder tief ins Gesicht, während ich mich vom Anleger entferne. Dann drehe ich mich um, um noch einmal zum Abschied zu winken. Die kleine Fähre ist allerdings schon wieder in Richtung anderes Ufer unterwegs. Ich stecke meine Hand wieder in die Hosentasche, drehe mich um und genieße weiter den »Kieler Sommer«.

Kanalfähre Adler I – Hundertsechs Meter über den Kanal, die jeder Kieler mal überbrückt haben muss.

Die Hörnbrücke
Das klappt!

Es quietscht. Der Geruch von Gummi steigt auf. Er mischt sich mit dem Kreischen einer Möwe, die ein paar Meter neben mir vom Brückengeländer laut fluchend aufschreckt. Die geriffelten Bohlen unter meinen Reifen sorgen für körperfüllende Vibrationen vom großen Onkel bis ins Kleinhirn. Mein Fahrrad kommt endlich zum Stehen. Gerade rechtzeitig! Noch drei Zentimeter weiter und mein Vorderreifen hätte den Schlagbaum der Hörnbrücke geknutscht. Die Finger meiner rechten Hand entspannen sich wieder und lassen die Bremsbacken atmen. »Nicht das auch noch«, flehe ich leise murmelnd, während mein Kopf auf den Lenker niedersinkt und die Hörnbrücke vor mir hochklappt.

Das schrille Klingeln aus dem Lautsprecher über mir ist endlich vorbei. Ich hebe meinen Kopf und schaue auf das gegenüberliegende Westufer. Da ist mein Ziel, so nah und doch so fern: der »Blaue Engel«. Auf seiner Terrasse wartet ein blonder Engel auf mich und ich Eiernacken komme zu spät. Verdammt. Mein entnervtes Kopfschütteln fällt dem neben mir wartenden Seebären auf. »Na, da lässt jemand wohl seine Holde warten, was?«, lächelt er mich an und rückt seine Prinz-Heinrich-Mütze zurecht. »Sieht man das so deutlich?«, grinse ich zurück. »Nichts produziert so viel Verzweiflung im Gesicht eines Mannes wie eine Frau«, antwortet er. Jetzt lachen wir beide. »Wir mussten früher immer ganz um die Innenförde herum, wenn wir zum Beispiel in die Kaskade oder zu den Frauen vom Westufer oder eben auch zu beidem wollten«, erklärt er mir. »Ich meine, das war jetzt auch nicht so schlimm. Die paar Extrameter auf die andere Seite. Aber gefreut hätten wir uns schon, wenn wir auch direkt rübergekommen wären. Die gesparten Körner hätten wir dann später noch anderweitig nutzen können. Wenn du verstehst«, gibt er mir auch mit seinem Arm anstupsend zu verstehen.

Ich verstehe ihn sehr gut. Es muss ums Tanzen gehen. Die Kaskade ist bestimmt eine Tanzschule und die »Frauen vom Westufer« eine Tangogruppe.

Aber tatsächlich musste jeder, der vor 1997 das Ufer wechseln wollte, den Weg um die Hörn herum wählen. Putzige 20 Millionen Mark hat dieses architektonische Aushängeschild unserer Stadt gekostet. Erbaut wurde die dreigliedrige Faltbrücke in erster Linie, um den Norwegenkai und das Ostufer für Fährgäste und Fußgänger mit dem Kieler Stadtzentrum zu verbinden.

Im Schnitt klappt die Hörnbrücke zwölfmal am Tag für den Schiffsverkehr hoch und verweilt dann bummelig eine Viertelstunde in dieser eingeklappten Haltung. Die Steuerung der Brücke geschieht auf manuellem Wege. Der Wachkapitän der Schlepp- und Fährgesellschaft Kiel sitzt bahnhofseitig von der Brücke aus in dem Gebäudekomplex, in dem sich auch das »Vapiano« befindet. Ab und zu schimpft er auch mal per Lautsprecherdurchsage, wenn sich wieder jemand am heruntergelassenen Schlagbaum vorbeimogeln und noch schnell drüber flitzen will.

Die Brücke ist mittlerweile vollständig hochgeklappt und die drei Klappglieder sind ganz bis an das rote Gerüst, welches die Stahlseile lenkt, herangezogen. Ich lehne mich gegen das weiße hölzerne Geländer. »Guck mal! Da fährt gerade ein Dampfer los«, sagt ein Mann hinter mir zu seinem kleinen Sohn und zeigt auf den Steg rechts von uns. Tatsächlich schippert gerade eine der Fähren zu einer neuen Hafenrundfahrt los. Das Bild von hier ist schon super. Der Rathausturm luschert über die Dächer der Innenstadt, vor uns im Wasser strahlen die Stena Line und Colour Fantasy in der Sonne und hinter uns im Germaniahafen liegen jede Menge schicke Segelboote. Herrlich!

Einige Minuten später malträtiert die Glocke der Brücke meine Gehörgänge erneut. Aber das stört mich nicht. Denn es ist das Zeichen, dass endlich alle Schiffe durch sind und die Hörnbrücke wieder ausklappt. Die schöne Blonde und ein kühles Blondes sind nur noch wenige Momente entfernt. »Na siehste, dann schaffste es ja doch noch rechtzeitig. Kannst aber froh sein, dass die Brücke nicht zickt«, sagt der Seebär nickend. Dann informiert er mich darüber, dass das früher ja nicht immer so reibungslos lief. »›Klappt-Nix-Brücke‹ haben wir sie genannt«, sagt er, »weil da immer irgendwie irgendwas nicht so geklappt hat, wie man eigentlich geplant hat. Da kam es schon mal vor, dass sie mitten im Ein- oder Ausklappen einfach stehen blieb und sich nicht mehr bewegen ließ. Aber nu' klappt ja alles.« Aufgrund des etwas platten, aber doch gelungenen Wortwitzes muss ich wieder lachen. Ich trete meine Pedale im Kreis und bewege mich in Startposition. »Ich hoffe, Sie nehmen es mir nicht übel, wenn ich gleich abdüse, sobald die Brücke freigegeben ist?«, frage ich, während sich vor mir langsam der Schlagbaum erhebt. »Da mach' dir mal keine Sorgen. Wenn ich jetzt ein Date mit einer schmucken Deern hätte, ich würde über dich hinwegfahren, um pünktlich zu kommen.« Wieder lachen wir beide, im nächsten Moment lasse ich meine Reifen ein weiteres Mal quietschen und zische über die offene Hörnbrücke.

Hör bloß auf mit Klappstuhl, Klappspaten oder Klapperschlange! Wenn du es in Kiel klappen sehen willst, dann an der Hörn. Die Hörnbrücke – Hundertsechs Meter Kiel, an der jeder mal gewartet haben sollte.

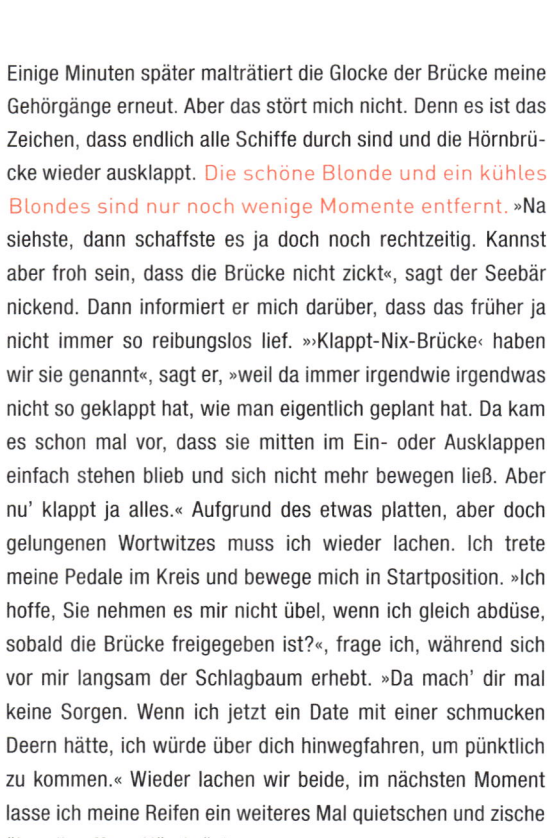

DER LANDTAG
Schnitzel mit dem Ministerpräsidenten

MIT DEM SKATEBOARD DIE BERGSTRASSE HINABFAHREN, DAS ERSTE MAL VOM ZEHNER SPRINGEN ODER DEM STIER AUF DER NACHBARKOPPEL EINEN ARSCH VOLL VERPASSEN. DAS ALLES SIND TYPISCHE MUTPROBEN. IN DER WAGNISFORSCHUNG VERSTEHT MAN UNTER EINER MUTPROBE DIE ÜBERWINDUNG EINER PERSÖNLICHEN ANGSTSCHWELLE UND DIE HERAUSFORDERUNG VON WAGNISBEREITSCHAFT. MAN SOLLTE MEINEN, DASS MAN IN MEINEM ALTER AUS SOLCHEN HÄUFIG VON SCHWACHSINNIGKEIT BEGLEITETEN AUFGABEN HERAUSGEWACHSEN WÄRE. DENKSTE!

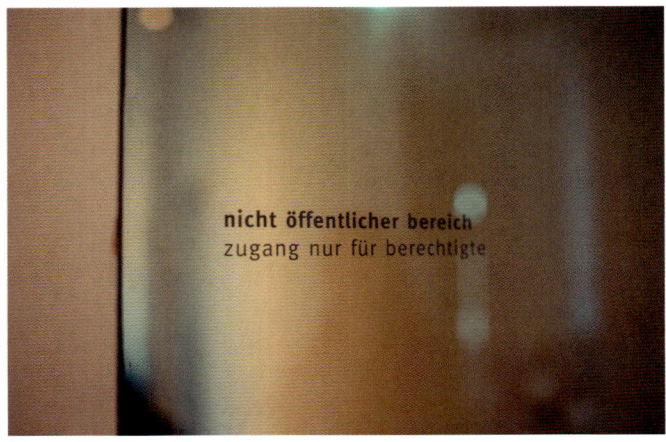

Mein Kopf brummt. Ich sitze auf den kalten Bodenplatten im vordersten Eingangsbereich des Landtages und reibe mir die Stirn. Wieso schaffen meine Kumpels es immer wieder, mich zu solchem Blödsinn anzustiften?! Ich höre ihre Stimmen noch immer in meinem Kopf: »DAS SCHAFFST DU NIE! SO EIN FEIGES HÜHNCHEN WIE DU KOMMT NIE BIS IN DEN PLENARSAAL.« Gefolgt wurde diese Herausforderung von Hühnergeräuschen und dem Chickendance. Ich hatte also keine Wahl. Und nun sitze ich hier.

Mein Plan, schnell und unbemerkt ins Gebäude einzudringen, ist gehörig in die Hose gegangen. Die Wachmänner hinter der Sicherheitsscheibe schütteln mit dem Kopf. »Was sollte das denn werden?«, fragt mich einer von ihnen. Gemeint ist wohl meine Usain-Bolt-Sprinteinlage durch die Eingangstür oder aber ihr abruptes Ende am Panzerglas der Sicherheitsschleuse dahinter. »Ich wollte mich in den Plenarsaal schleichen«, gebe ich kleinlaut Antwort. »Da kommt man jetzt nicht rein. Der ist für die Öffentlichkeit nicht zugänglich. DA MUSST DU SCHON ZUM MONATLICH STATTFINDENDEN, OFFENEN BESUCHERABEND KOMMEN«, erklärt mir der Wachmann. »Aber du kannst dir gerne die Ausstellung im Foyer anschauen.«

Nachdem ich durch die Sicherheitsschleuse getreten bin, schlendere ich durch das Foyer der ehemaligen Marineakademie. Ich schaue mich in der imposanten Halle um und versuche, meinen Brummschädel zu vergessen.

IM ZWEITEN WELTKRIEG WURDE DAS GEBÄUDE DURCH BOMBENANGRIFFE ZUR HÄLFTE ZERSTÖRT UND DANN 1946 FÜR DIE POLITIK IN BESITZ GENOMMEN UND INSTAND GESETZT. »DAS WANDERN DES SCHLESWIG-HOLSTEINISCHEN LANDTAGES IST NUN VORBEI, WIR HABEN UNSEREN EIGENEN PLENARSAAL.« MIT DIESEN WORTEN ERÖFFNETE AM 3. MAI 1950 DER DAMALIGE LANDTAGSPRÄSIDENT KARL RATZ DIE ERSTE SITZUNG IM NEUEN LANDTAG. DER BEGRIFF »LANDESHAUS« BÜRGERTE SICH DAMALS EIN.

Die vom Wachmann erwähnte Ausstellung erstreckt sich über das gesamte Foyer im Erdgeschoss und das erste Stockwerk. Ich kann mich allerdings schlecht auf die Exponate konzentrieren. In der Peripherie meines Blickfeldes rotiert permanent ein buntes Beförderungsmittel und zieht meine Aufmerksamkeit auf sich. Gemeint ist einer der drei noch verbliebenen Paternosteraufzüge der Stadt. Nur im Rathaus, im Bildungsministerium und hier im Landtag drehen diese aus dem Bergbau stammenden Aufzüge noch ihre Bahnen. **2003 WURDE DER DENKMALGESCHÜTZTE PATERNOSTER IM RAHMEN VON UMBAUMASSNAHMEN ZUM ECHTEN EYECATCHER AUFGEWERTET.** Seit dieser Tage leuchten seine 0,9 km/h (25 cm pro Sekunde) schnellen Körbe nämlich in den Spektralfarben des Regenbogens. Ich löse meinen Blick von der bunten Gebetskette und jage ihn quer durchs Foyer. Am anderen Ende hinter Glastüren liegt er, der Mittelpunkt meiner Mutprobe.

AM 2. APRIL 2003 WURDE DER NEUE PLENARSAAL IN SEINEM ZWANZIG MAL ZWANZIG METER GROSSEN GLÄSERNEN KUBUS IN BETRIEB GENOMMEN. Ein Hannoveraner Architekturbüro hatte den Zuschlag für seinen Entwurf bekommen und die Vorgaben zur Modernisierung des Parlamentsgebäudes perfekt umgesetzt. Die Bürgerinnen und Bürger sollten mehr Einblick in die Arbeit ihres Landesparlamentes bekommen und eingeladen werden, sich einzubringen.

Bis zu 137 Tische für Abgeordnete, Regierung und Verwaltung lassen sich hier unterbringen. Abseits vom politischen Alltag wird der neue Plenarsaal auch für Lesungen, Tagungen und Ausstellungseröffnungen genutzt. Wer sich nicht wie ich vor verschlossenen Glastüren die Nase platt drücken will, sollte einfach mal beim offenen Besucherabend des Landeshauses vorbeischauen. Während der gut einstündigen Führung kann man neben dem Plenarsaal auch viele weitere zentrale Bereiche des historischen Gebäudes kennenlernen.

Ich beschließe, meine Mutprobe auf den kommenden Besucherabend zu verschieben und mich erst einmal zu stärken. Was wäre da nicht besser geeignet als das Restaurant »Asperge«? Auch bekannt als Landtagskantine. Seit 2003 wird hier im ehemaligen Nordhof des Landeshauses für erstklassige Verpflegung der Bürger und Politiker gesorgt. Unter einer stützfreien, 14 Meter hohen Glas-Stahl-Konstruktion können bis zu 176 Menschen gutes Essen in einer außergewöhnlichen Umgebung genießen. Besonders zur Mittagszeit wird dieses Angebot von vielen Kielern gerne wahrgenommen. Mit ein bisschen Glück kann man sein Schnitzel sogar neben dem Ministerpräsidenten oder anderen Spitzenpolitikern zerteilen und mit ihnen die Probleme von Holstein Kiel oder Schleswig-Holstein besprechen. Na dann: Mahlzeit!

DER SCHLESWIG-HOLSTEINISCHE LANDTAG – HUNDERTSECHS METER KIEL, DIE NICHT ZUR MUTPROBE TAUGEN, ABER DOCH IMMER EINEN BESUCH WERT SIND.

Die Forstbaumschule

Kiels grünes Bremspedal

Entschleunigung! Dieses Wort läuft mir mittlerweile nicht nur sporadisch über den Alltagsweg. Immer mehr Menschen fühlen sich von ihrem Umfeld und der Welt gehetzt. Da klingt Entschleunigung doch super. Aber was bedeutet es eigentlich? Gerne als natürliches Gegenmittel für Stress und Zeitdruck in die Tablettenkiste geworfen, ist es doch ein sehr subjektiver Begriff und alles andere als schnell und einfach heraufzubeschwören. Für den einen sind es die Momente im Hobbykeller, der Spaziergang mit dem Hund oder das Bierchen in der Kneipe mit den Jungs. Für mich hat die Entschleunigung viele Gesichter. Derzeit ist es sogar häufig so, dass eine Beschleunigung mich entspannt. Das liegt an den extrem nervigen Baustellen auf meinem Arbeitsweg. Und diese weiß-rot abgesperrten und orange blinkenden Nervenfresser müssen noch vor den ersten Arbeitsminuten überwunden werden. Nun habe ich das Glück, als Fotograf und Redakteur nicht an feste Arbeitszeiten gekettet zu sein. Dieser Umstand macht es mir daher auch möglich, um 5:00 Uhr aufzustehen und den Sonnenaufgang über der Forstbaumschule zu genießen. Seit diesem Besuch in Kiels grüner Lunge hat der Begriff Entschleunigung für mich eine neue Facette hinzugewonnen und ich kann jedem nur empfehlen, diese selbst zu entdecken.

Die Kamera liegt neben mir auf der Bank und wartet auf ihren Einsatz. Allerdings gilt meine volle Aufmerksamkeit dem dampfenden Kaffeepott in meiner Hand und dem leichten Schimmern in den Baumkronen über mir. Das blaue Leuchten am Himmel wird kontinuierlich stärker und die Schatten zwischen den Bäumen und Sträuchern schwächer. Die Luft ist frisch und es ist erstaunlich warm. Während ich mich doch mit einigen Mühen aus dem Bett kämpfen musste, sind die Vögel in der Forstbaumschule schon voll bei der Sache. »Piep, piep« hier und »piep, piep« dort. Ich hatte es mir um diese Zeit ruhiger vorgestellt. Trotzdem ist es akustisch gesehen ein toller Tagesbeginn. Besonders im Vergleich zur alltäglichen Geräuschkulisse der umliegenden Stadt. Diese ist in den Jahren immer weiter um die inzwischen circa 15 Hektar große Grünanlage herumgewachsen. Eingekreist von Niemannsweg, Feldstraße, Koester- und Schlieffenallee bietet der älteste Park Kiels einen Hot-Spot für Spaziergänger, Jogger, Pflanzenfreunde, spielende Kinder oder einfach relaxende Menschen.

Während andere Parks von Studentenhand regiert werden, herrscht in der Forstbaumschule eher das etwas ruhigere Kieler Völkchen. Seine weitläufigen Grünflächen bieten jede Menge Fleckchen, an denen man auch einmal ungestört in der Sonne dösen kann. Zugegeben, um diese Uhrzeit sind weder Mensch noch Sonne zu sehen, ich bin ganz allein im Park. Aber Apollons Kugel kämpft sich immer weiter vor. Der Himmel erwacht langsam. Aus einem dunklen Grau-Blau wird langsam ein saftiges Marina-Blau, um dann weiter in ein leuchtendes Hellblau zu wechseln. Mathilde von Bayern hat in ihrem Gedicht »Sonnenaufgang« einmal gesagt:

»Und dieses Leuchtende will siegen, und allem Dunklen sinkt der Mut. Aus Dünsten kommt emporgestiegen ein Feuerball so rot wie Blut.«

Ich lass' das mal so stehen und nehme den letzten Schluck aus meinem Kaffeebecher. Es wird Zeit, sich ein bisschen zu bewegen und die Kamera zu wecken.

Ursprünglich war die Forstbaumschule kein Park, sondern... Überraschung, eine Forst- und Baumschule. Hier wurden Förster ausgebildet und Bäume herangezogen. Der im Stil eines englischen Landschaftsgartens angelegte Park bietet noch heute eine große Vielfalt in seiner Botanik. Neben 200-jährigen Edel-Kastanien, Sumpfzypressen, Pyramideneichen oder Holländischer Linden findet sich auch Kiels größter Mammutbaum. Dieser 120 Jahre alte Baumrentner und seine großen Kollegen drumherum geben der Forstbaumschule eine Erhabenheit, die es in Kiel doch eher selten zu finden gibt.

Neben zwei kleineren Seen, Naturdenkmälern, Spielplätzen, Bäumen aus der Gründerzeit und gepflegten Wiesenflächen ist die Forstbaumschule für noch etwas anderes über die Stadtgrenzen hinaus bekannt. Die gleichnamige Gastronomie hat um sechs Uhr morgens zwar noch nicht auf, trotzdem ist sie ein lohnendes Motiv. Die ersten Sonnenstrahlen sind über den hohen Schutzwall aus Bäumen geschwappt und überfluten langsam, aber unaufhaltsam immer mehr Ecken um mich herum. Das über hundert Jahre alte Gebäude des Restaurants liegt zwar noch leicht im Schatten, aber auch das wird nicht mehr lange so bleiben. An einem schönen Tag tummeln sich hier hunderte Menschen. Das Wort »Platzmangel« findet sich aber auch an solchen Tagen nicht im Lokalduden der Forstbaumschule. Denn sie beherbergt auf ihren Terrassen die größte Freisitzanlage der Landeshauptstadt. Und bei einem »Matjesfilet mit hausgemachter Hausfrauen Sauce und Bratkartoffeln« für unter 10 € kann man nun wirklich nicht meckern.

Ich schlendere noch ein wenig durch das heller werdende Grün des Parks. Mittlerweile gibt es an jeder Ecke Sonnenstrahlen, die sich durch das goldgelb leuchtende Blätterdach auf die Wiesen werfen. So langsam erwacht auch die Stadt um mich herum. Ein erster Jogger kreuzt meinen Weg mit einem freundlichen »Moin, moin«, ich grüße zurück und bewege mich in Richtung Auto. Es ist kurz nach sieben und trotzdem dringt kein Straßenlärm an meine Gehörgange. Es wirkt so, als würde der Park noch immer ein wenig unter der Decke liegen und schlummern. Im Gegensatz zu mir, ich bin wach und fühle mich irgendwie frei. Bevor ich in meinen babyblauen Lada 2103 steige, höre ich hinter mir jemanden rufen. Ich drehe mich um und fange an zu lachen. Der recht große, glatzköpfige Mann verfolgt einen kleinen Hängebauchdackel über eine der Grünflächen. »Christopher! Kommst du her! Bei Fuß! Böser Christopher!«, höre ich ihn noch rufen, bevor er aus meinem Sicht- und Gehörfeld verschwindet. Keine Frage, jetzt ist auch die Forstbaumschule erwacht und mit ihr Kiel.

Die Forstbaumschule — Hundertsechs Meter Kiel, die ein frühes Aufstehen wirklich wert sind.

DIE SANKT NIKOLAIKIRCHE

Ein stiller Schlachtgesang im Gotteshaus

Ich lasse meinen Blick durch das Hauptschiff schweifen. Die großen, bunten Fenster sorgen für regenbogenähnliche Lichteffekte auf den Wänden. Trotz der vielen unfassbar alten Dinge im Raum riecht es weder alt noch muffig, es riecht irgendwie frisch und neu. Aber mein Geruchssinn ist eh nicht mehr der beste, seitdem ich im Physikunterricht der fünften Klasse mit der dicken Claudia gewettet hatte, ich könne den Unterschied zwischen Schwefel- und Salpetersäure »erschnuppern«. Ab diesem Zeitpunkt sind Gerüche eher seltene Besucher in meinem ohnehin schon sehr spärlich ausgerüsteten Sinnespark.

Aber es sind weder der Geruch noch die Beleuchtung, die mich überraschen. Es ist der Trubel um mich herum. Ich dachte, in einer Kirche sitzen eventuell zwei, drei ältere Semester und diskutieren schweigend ihre Probleme mit dem Mann am Kreuz. Stattdessen bewegen sich ein gutes Dutzend Menschen in der Kirche hin und her. Sie flüstern leise und zeigen auf die Dachkonstruktion oder den Altar. Auch ich habe mittlerweile erspäht, was mich hierher führt. Heikos Lockenhelm sitzt circa 20 Meter entfernt von mir in der Mitte einer der zahlreichen Bänke. Sein Kopf ist demütig in die Richtung seiner ausgelatschten Vans geneigt.

Nachdem ich mich neben ihn gesetzt habe, beobachte ich ihn ein wenig. Er summt leise Worte, während seine Augen noch immer geschlossen sind. Am Ende dieses skurrilen Singsangs hebt er den Kopf und dreht ihn in meine Richtung. »Schön, dass du gekommen bist«, er legt mir die Hand auf die Schulter und lächelt mich an, »wir müssen Buße tun, sonst wird das alles nicht besser.« Meine Augenbrauen formen sofort ein sehr tiefes und misstrauisches V. »Hast du wieder die … Küchenkräuter … vom Balkon der Nachbar-WG in dein Essen gerührt?«, will ich wissen. Heiko schüttelt den Kopf. Irgendwie macht er mir Angst. »Ganz schön viel los hier, was?«, wechsle ich unauffällig das Thema. »JA, DAS IST DAS SYSTEM EINER OFFENEN KIRCHE. NATÜRLICH GIBT ES AUCH GEBETSMOMENTE, IN DENEN ES STILL IST, ABER MAN VERSUCHT, GERADE DURCH DAS PRINZIP DER OFFENEN TÜR DIE LEUTE WIEDER NÄHER AN DIE KIRCHE UND DEN GLAUBEN ZU BRINGEN. EINE KIRCHE IST UND BLEIBT EINE TOLLE UND FASZINIERENDE ARCHITEKTUR, EGAL OB DU ES NUN MIT DEM LIEBEN GOTT HAST ODER AUCH NICHT«, erklärt mir mein zufrieden lächelnder Mitbewohner. Ich blicke mich um und kann seinen Worten schwer die Wahrheit absprechen. SCHÖN IST DIE NACH DEM SCHUTZHEILIGEN DER SCHIFFER UND KAUFLEUTE BENANNTE SANKT NIKOLAIKIRCHE WIRKLICH.

ERBAUT WURDE SIE CIRCA UM DIE MITTE DES 13. JAHRHUNDERTS HERUM. DAMIT BILDEN IHR FUNDAMENT UND EINIGE MAUERN AUCH DIE ÄLTESTE BAUSUBSTANZ DER STADT. IN DEN DARAUFFOLGENDEN ZEITEN WURDE SIE, WIE SO VIELE KIRCHEN, HÄUFIG UMGEBAUT UND DEM AKTUELLEN BAUSTIL ANGEPASST. DER ZWEITE WELTKRIEG ZWANG DANN LEIDER AUCH DIE SANKT NIKOLAIKIRCHE IN DIE KNIE. BIS AUF DAS FUNDAMENT UND EINIGE GRUNDMAUERN WURDE SIE KOMPLETT ZERSTÖRT. GLÜCKLICHERWEISE SCHAFFTEN DIE DAMALIGEN KIRCHENOBERHÄUPTER FAST DIE GESAMTE INNENEINRICHTUNG INKLUSIVE ALTAR ZUM SCHUTZ IN EIN NAHEGELEGENES KLOSTER. NACH DEM WIEDERAUFBAU KONNTEN DIESE GESCHICHTSTRÄCHTIGEN STÜCKE DANN WIEDER IN IHR ZUHAUSE GEBRACHT WERDEN.

Kein Wunder also, dass sich Sankt Nikolai einer großen Besucherzahl erfreuen darf. Im Schnitt besuchen pro Jahr bis zu 185.000 Menschen die Kirche am Alten Markt. Besonders seitdem die Kreuzfahrten in Kiel anlegen, ist die Sprache immer internationaler geworden. Daher werden viele Kirchenflyer in diversen Sprachen zum Informieren und Mitnehmen angeboten.

DIE KIRCHE GILT EBENFALLS FÜR VIELE KIELER ALS WICHTIGER ANLAUFPUNKT. FÜR SEELSORGE ODER ALS RUHEHORT, UM DER HEKTISCHEN STADT EIN PAAR STILLE MOMENTE ZU STIBITZEN. ABER AUCH ALS ZENTRUM DES MITTELALTERLICHEN MARKTES WÄHREND DES KIELER UMSCHLAGES ODER ALS AUSTRAGUNGSORT VERSCHIEDENSTER VERANSTALTUNGEN WIE LESUNGEN, KINO IN DER KIRCHE, EMPFÄNGE ODER KÜNSTLERISCHE AUSSTELLUNGEN BIETET SICH SANKT NIKOLAI DEN KIELERN IMMER WIEDER AN.

Heiko und ich haben uns, nachdem wir einige Minuten schweigend nebeneinander verbracht haben, erhoben und verlassen die Kirche durch das Hauptportal. »Ich wusste nicht, dass du gläubig bist«, sage ich ihm. »Bin ich auch nicht«, antwortet Heiko immer noch lächelnd. »Ich wusste nur einfach keinen anderen Ausweg mehr.« Nun habe ich erneut ein fragendes V über den Augen. »Holstein Kiel, Bob! Holstein Kiel! Die brauchen Hilfe. Immer wenn ich im Stadion bin, verlieren sie. So kann es nicht weitergehen«, erklärt Heiko kopfschüttelnd. »Und was soll der Besuch hier daran ändern?«, frage ich ihn. »Ich habe dem Chef da oben meinen selbst komponierten Schlachtgesang vorgetragen und gebeten, ihn zu segnen und abzunicken«, antwortet Heiko. »Klingt logisch«, kommentiere ich kurz und knapp.

»Dein Schlachtgesang, wie lautet der?«, möchte ich auf dem Weg über den Alten Markt wissen. »K-S-V!«, ruft Heiko laut. »Kieler spielen vabelhaft! Schalalala!« Einige Leute blicken sich nach uns um und schütteln den Kopf. »Und dann wieder von vorne. Wie findest du ihn?«, fragt Heiko stolz. »Ähm… Na ja… Also, wenn das Ding so durch die himmlische Kontrolle gegangen ist, wer bin dann ich, einen Fehler finden zu wollen«, antworte ich mit einem anerkennenden Nicken. »Das Ding wird super ankommen in der Kurve«, freut sich Heiko. »Da bin ich mir sicher«, bestätige ich ihm schulterklopfend.

DIE SANKT NIKOLAIKIRCHE AM ALTEN MARKT – HUNDERTSECHS METER KIEL, DIE MEHR ALS EINEN STILLEN MOMENT WERT SIND.

Die Gorch Fock
Ein Nichtschwimmer spielt Kapitän

Was haben wir nicht alles schon erlebt auf unseren Hundertsechs Metern. Und nicht bei wenigen dieser Abenteuer sind wir beziehungsweise ich nur knapp dem Tode oder aber mindestens der Verstümmelung entronnen. Nichtsdestotrotz bin ich auch heute wieder tapfer und todesmutig unterwegs, um ganz besondere Hundertsechs Meter vorzustellen. Die Gorch Fock! Neben unseren Sprotten, der Kieler Woche und dem unbesiegbaren THW gibt es nichts, was unsere herrliche Möwen-Metropole mehr repräsentiert und widerspiegelt als dieser wunderschöne Dreimaster. Leinen ahoi und Schiff los! Oder so ähnlich.

Für mich als waschechten Kieler Nichtschwimmer ist alles, was nicht mindestens 300 Meter verdichteten Beton, Stahl oder Gesteinsmasse als Fundament besitzt, immer ein Grund das Testament neu aufzusetzen. Nur zur Sicherheit. Die Förde ist rau, unbeugsam und gnadenlos. Also kläre ich noch schnell, wer sich nach meinem eventuellen Ableben um den WG-Hamster Axel kümmert und welche Musik bei meiner Beerdigung gespielt werden soll. Die Titelmelodie von »Baywatch« erscheint mir passend und emotional genug. Danach mache ich mich auf zum Marinehafen in Düsternbrook. Hier liegt die Gorch Fock derzeit vor Anker. Am Tor begrüßt mich der Fregattenkapitän, Achim Winkler. Er ist für die Pressearbeit zuständig und reicht mir gutgelaunt die Hand. »Keine Sorge. Wir passen schon auf dich auf«, bekomme ich lachend meine Frage nach einer Schwimmweste beantwortet.

Während wir über den Steg in Richtung Gorch Fock wandern, erzählt mir Herr Winkler, welchen Zweck die SSS Gorch Fock eigentlich erfüllt: »Dieses Schiff ist ja keineswegs nur dafür da, auf Paraden und Regatten die deutsche Marine zu repräsentieren. ›SSS‹ steht für Segelschulschiff und genau das ist auch die Kernaufgabe auf diesen Planken. Ausbilden.« Seit der Inbetriebnahme im Dezember 1958 wurden hier bereits über 15.000 Offiziers- und Unteroffiziersanwärter ausgebildet.

Die Gorch Fock liegt noch ungefähr hundert Meter vor uns und reckt ihr stählernes Hinterteil in die Höhe. Da, wo viele Mädels ein Pobackengeweih tätowiert haben, thront bei ihr etwas viel Schöneres. »Da Kiel der Heimathafen ist, war es nur logisch, das Kieler Wappen über den Schiffsnamen am Heck anzubringen«, erklärt mir Herr Winkler und bittet mich über eine schmale Rampe an Bord. Während ich den ersten Schritt an Deck mache, witzele ich: »Kapitän an Deck, stillgestanden!« Der wachhabende Soldat entscheidet, dass lustig anders geht und zeigt mir dies mit einem vollkommen emotionslosen Blick. Aber bei Herrn Winkler kann ich ein kleines Lächeln entdecken.

Was sofort auffällt, sind die vielen Taue, die überall feinsäuberlich aufgerollt und aufgehängt sind. »Insgesamt liegen und hängen auf diesem Schiff elf Kilometer Tauwerk herum und erfüllen ihren Zweck«, beginnt Herr Winkler mit ausgebreiteten Armen seine Führung.

> »Die Gorch Fock besuchte bisher rund 390 Häfen in knapp 60 Ländern auf fünf Kontinenten. Dabei wurden mehr als 750.000 Seemeilen zurückgelegt. Dass entspricht in etwa 35 Erdumrundungen. Sie ist 89 Meter lang, 12 Meter breit und der Grossmast ist 45,5 Meter hoch. Angetrieben wird sie von 2.000 m² Segelfläche oder bei Flaute von 1.690 PS Motorenleistung.«

Ich nicke anerkennend mit dem Kopf. Die Diskussion, ob es noch zeitgemäß ist, dass in den heutigen meist technisierten Zeiten noch auf einem »Relikt aus alten Zeiten« ausgebildet wird, flammt immer wieder auf. Da er selbst sechs Jahre auf der Gorch Fock zur See gefahren ist, kann Achim Winkler ziemlich genau die Vorteile einer solchen traditionellen Ausbildung erläutern: »Es geht um Teamwork und die Begegnung mit den Elementen. Die Ausfahrten sind kein Abenteuerurlaub, das ist knallharte Arbeit, die den Kadetten körperlich, aber auch psychisch vieles abverlangt. Aber natürlich kommt auf einem solchen Schiff auch öfters mal ein Stückchen Seefahrer-Romantik auf«, erklärt mir mein Gegenüber. »Der Begriff ›an einem Strang ziehen‹ kommt aus der Seefahrt und genau darum geht es hier. Um dieses Schiff exerziermäßig zu segeln, benötigt man etwa hundert Hände an Deck. Da gibt es nichts, was man alleine macht, hier funktioniert alles im Team.

Diese Ausbildungsreisen fördern und formen außerdem den Charakter, wie man es sonst nur selten kann. Ich habe schon so manchen Kadetten gesehen, der sich beim Einschiffen als ganz große Nummer gefühlt hat und der dann ganz schnell von Wind, Wellen oder auch der restlichen Mannschaft eingenordet wurde.« Während wir sprechen, schlendern wir über das Deck zum hinteren Oberdeck.

»Das Zusammenleben auf diesem Schiff ist ein sensibler Mikrokosmos. Die auszubildenden schlafen in Hängematten in einem Gemeinschaftsraum. Da ist für Egoisten und Eigenbrötler kein Platz.«

Wir stehen jetzt am Steuer des Schiffes. Obwohl ich nicht nur ein Nichtschwimmer, sondern auch ein ziemlicher Hüne bin, geht mir das Steuerrad gut und gerne bis zu den Ohren. Insgesamt sechs Mann können hier stehen, um das Schiff auch bei starkem Seegang sicher zu manövrieren. Dass eine Fahrt auf der Gorch Fock nichts mit Urlaub zu tun hat, zeigt sich auch hier. Kein Dach, kein Schutz. Man kann zwar bei extremer Sonne ein Segel über das Steuer spannen, aber ansonsten wird hier im Freien gearbeitet – egal bei welchem Wetter. »Ich nenne die Gorch Fock deswegen gerne das letzte Cabrio der Marine«, lacht Herr Winkler und klopft auf das Holz des Steuers.

»Und was macht man hier an Bord, wenn man keinen Dienst hat?«, möchte ich wissen. »Das ist ganz unterschiedlich. Einige spielen Karten, sitzen am Laptop oder lesen. Aber meistens ruhen sich die Kadetten aus. Neben dem Dienst an Deck gibt es ja auch noch die Wachen. Diese sind in Vier-Stunden-Schichten organisiert und wer die sogenannte Hundewache von null bis vier Uhr hat, der legt sich natürlich dementsprechend früh hin nach einem langen Tag auf See«, sagt Herr Winkler.

Ich lehne mich auf die Reling und lasse meinen Blick vom Bug der Gorch Fock hinüber in die Förde gleiten. Das leichte Knarren der Planken an Deck, der Wind in der Takelage über mir und das seichte Schwappen der Wellen am Rumpf des Schiffes vermischen sich zu einer natürlichen Kieler Hymne in meinem Gehörgang. Beim Verlassen überlege ich, ob ein »Kapitän verlässt das Deck. Entspannt euch!« bei der Wache besser ankommt als mein Begrüßungswitz. Da ich aber Angst habe, dass man mich kurzerhand wegen Amtsanmaßung in die Förde schmeißt, verkneife ich mir einen weiteren Klassewitz. Ich bedanke mich bei Herrn Winkler für die interessante Zeit und verlasse den Anleger. Die SSS Gorch Fock. Hart, wettergegerbt und ohne Schnickschnack und Schickimicki. Ein echter Kieler eben.

Die Gorch Fock – Hundertsechs Meter, die jeder, der die Möglichkeit dazu hat, einmal besucht haben sollte. Auch als Nichtschwimmer!

MFG-5

Das alte Gelände des ehemaligen Marinefliegergeschwaders

Was unterscheidet siamesische Zwillinge von Holtenau und Friedrichsort/Pries? Genau. Die Zwillinge finden es gar nicht gut, wenn sie nach langer Zeit wieder verbunden werden. Die beiden Kieler Stadtteile am Wasser dagegen finden es großartig. Und nicht nur sie. Für ganz Kiel ist diese Verbindung, auf die mehr als hundert Jahre gewartet werden musste, ein echter Knaller.

»Bob, sieh zu!«, Tommys Stimme schallt von der Straße herauf. Ich lehne mich mit meinem Kaffeebecher in der Hand aus dem Fenster und schaue herunter. »Was ist denn los?«, will ich eine Erklärung für das nervige Geschrei und das aufgeregte Leuchten in den Augen meines Kumpels. »Die haben das alte Marinegelände hier um die Ecke aufgemacht. **Man kann jetzt mit dem Bike bis zum Tiessenkai brettern und außerdem ist das Gelände der Hammer«**, antwortet dieser freudig. Ich hebe meinen Kopf und schaue über die Straße zum kleinen Hafen Stickenhörn. Direkt dahinter liegt das gesperrte Gelände. Ich wohne nun schon ein Weilchen in Pries und träume seit meinem Einzug davon, mit dem Bike direkt zur Adler I und von da hinüber in die Holtenauer zu gelangen, und zwar ohne Hochbrückenüberquerung und Flugplatzumrundung. »Ich komme«, rufe ich, während ich in eine saubere Hose und einen fleckigen Pullover stolpere. Wenige Minuten später sitze ich auf meinem Fahrrad. Die Kamera im Rucksack und ein fettes Grinsen im Gesicht.

54

Da die Verbindung und das ganze Gebiet nur für Fußgänger und Radfahrer freigegeben ist, befinden sich an den Zugängen zum Gebiet jeweils Schranken. Diese können aber ganz bequem zu Fuß oder auf dem Bike hinter sich gelassen werden. Während hier früher nur Marinehubschrauber und Soldaten die schöne Aussicht genießen durften, bietet das Gelände nun auch der Allgemeinheit eine neue und spannende Perspektive auf Kiel und seine Förde. Am 22. August 2014 gab die Stadt den 2,5 Kilometer langen Verbindungsweg quer durch das Gebiet frei. Ich könnte hier jetzt weiter über den schönen Blick, den vielen Platz oder die überall versteckten alten Gebäude und Details der Marinezeit erzählen, aber eigentlich muss man sich dieses Gelände mit eigenen Augen anschauen. Also den Hintern auf den Sattel geschwungen und ein neues Stück Kiel entdeckt. Kleiner Tipp: Nehmt euch einen Kaffee oder ein Bierchen mit. Die genau an der Uferkante neu aufgestellten Bänke laden zum Verweilen und Relaxen ein.

Das alte MFG-5 Areal – Hundertsechs neue Meter, die jeder Kieler entdeckt haben muss.

Hier noch ein paar Infos:

- Die freigegeben Flächen dürfen Tag und Nacht betreten werden. Dafür wird die Straßenbeleuchtung auf dem Gelände wieder angeschaltet.
- Die drei Zugänge befinden sich im Schusterkrug (Pries-Friedrichsort) sowie Strandstraße und Eekbrook (Holtenau).
- Die Gesamtgröße des Geländes beträgt 80 Hektar.
- Der Verbindungsweg ist 2,5 Kilometer lang und komplett asphaltiert.
- Viele Zukunftspläne werden derzeit gesponnen. Von Städtebau- oder auch Wirtschafts- und Sozialraumförderung ist die Rede. Es wird einen Wettbewerb geben und dann soll ein Rahmenkonzept entstehen, wie das Gelände genutzt wird. Laut Bürgermeister wird dies aber erst Ende 2016 der Fall sein. Also rechnen wir realistisch nicht vor der nächsten Weltmeisterschaft 2018 mit einer Entscheidung.
- Die Zaunlandschaft um die Gebäude und Waldstücke, für die weiterhin »betreten verboten« gilt, hat 180.000 Euro gekostet.
- Die Stadt plant schon bald, die große Sporthalle und den angrenzenden Sportplatz auf dem Gelände ebenfalls freizugeben.

Der Kieler Rathausturm

Ein italienischer Phallus mit englischem Glockenspiel

Zugegeben, filigran und grazil geht anders. Aber mächtig und beeindruckend ist er auf jeden Fall: unser Kieler Rathausturm. Ein Symbol für die Standhaftigkeit, Stärke und Entspanntheit unserer Stadt und ihrer Bewohner. Wo also sonst, wenn nicht auf dem Kieler Rathausplatz, sollten drei tapfere Recken nach einer durchzechten Nacht ein letztes Mal die Bierflasche erheben? Zum Sonnenaufgang sitzen sie da, den neuen Tag und den mit ihm einhergehenden Kater zu begrüßen. Eine Hommage auf die einzig wahren und für dieses Buch namensgebenden hundertsechs Meter dieser Stadt. Poesie und versoffenes Geschwätz wohnen dabei oft Tür an Tür. Aber lest selbst.

»Warten wir jetzt echt auf den Sonnenaufgang?« Der entnervte Einwurf von Heiko lässt mich aus meiner komatösen Wartestellung hochschrecken. Dabei verkleckere ich ein paar Tropfen Bier aus der Flasche in meiner Hand. »Ja, verdammt! Und jetzt genieß' die Romantik und halt' den Sabbel!«, entgegne ich ärgerlich. »Wir haben Jannis die ganze Nacht den Kaffeesatz der Stadt präsentiert und in dreckigen Gläsern serviert. Es wird Zeit, dass er mal was Schickes von Kiel zu sehen bekommt.« Jannis, das ist ein Kumpel aus Freiburg zu Besuch im Norden. Zur Einführung in unsere kleine Kneipenkultur haben wir ihn direkt mal durch den schankwirtschaftlichen Unrat von Kiel gezogen. Erst vor wenigen Minuten wurden wir vom Personal des Tucholsky mit herrlich unaufgesetzter Unfreundlichkeit aus dem berühmten und bodenverklebten Kieler Tanzlokal herauskomplimentiert. Dann wurde schnell beschlossen, dass ein letztes Bierchen vor dem Rathausturm ein würdiger Abschiedskuss für Nyx, die griechische Göttin der Nacht, wäre.

Mir wird bewusst, dass Heikos Weckruf zur rechten Zeit ertönte. Vom goldenen Ei auf dem Dach des Rathausturms beginnt sich ein weiches Glimmen auszubreiten. Innerhalb weniger Momente wird aus dem schüchternen Leuchten ein magisches Strahlen. Immer stärker hebt es sich vor dem noch immer von der Dunkelheit geschwängerten Morgenhimmel ab. Ich stehe auf, um diesen Augenblick mit einer aufrechten Haltung zu würdigen und um nicht vornüber von der Bank zu kippen. »Wie das emporgereckte Schwert eines Königs mitten im Wahnsinn der Schlacht. Ein Leuchtfeuer der Hoffnung und ein Wegweiser zum Glauben und zum Sieg. Genau so thront dieses stolze Bauwerk über der Stadt am Meer. Über Kiel!« Zur bildlichen Untermauerung meiner eindrucksvollen Worte erhebe ich meine Bierflasche wie einen mächtigen Zweihänder und recke sie dem Turm entgegen. »Alter, du hast so einen Dachschaden«, lacht Jannis hinter mir von den billigen Plätzen. »Aber er hat schon recht«, steht mir Heiko zur Seite.

»Der Rathausturm wurde im Zweiten Weltkrieg fast als einziges wichtiges Gebäude von den alliierten Bomben verschont. Das hatte aber weniger mit dem heldenhaften Antlitz zu tun als vielmehr mit der Tatsache, dass der Turm eine ausgezeichnete Orientierungshilfe für die Bomberpiloten darstellte.«

Mein anerkennendes Nicken bestätigt den Wahrheitsgehalt in dieser Aussage. »Ich würde zwar sagen, die Piloten hatten Angst, sich mit dem Turm anzulegen, aber deine Geschichte könnte auch stimmen.« Unser Lachen schallt über den leeren Platz. Das Licht der aufgehenden Sonne wird stärker und schwappt immer weiter von Osten und der Förde her über die noch schlummernde Stadt. Die sich nach oben hin verjüngende Fassade des Turmes wärmt ihre säulenartigen Vorsprünge bereits komplett im Sonnenlicht. »Oh, du wunderschöner Campanile«, hauche ich verliebt in die frische Morgenluft. »Kamille? Was hat denn Tee damit zu tun?«, fragt Jannis zwar stark lallend, aber leicht interessiert. »Campanile! Das ist italienisch und betitelt einen freistehenden Glockenturm«, erkläre ich neunmalklug.

»Unser Rathausturm wurde damals vom Markusturm in Venedig inspiriert und ihm nachempfunden.« »Was? Das Phallussymbol unserer Stadt ist die Kopie eines Italieners? Schande über den Architekten!«, ruft Heiko empört. Die Halbfinalniederlage bei der Heim-WM 2006 wurmt ihn noch heute. »Aber dafür ist unser Phallus viel größer. Der Markusturm ist ganze 7,4 Meter kleiner. Und ganz egal, was die Frauen uns erzählen wollen, Größe spielt eine Rolle. Und wir haben den Größeren!«, sage ich mit geballter Faust in Heikos Richtung. Dann klatschen wir alle drei ab und setzen uns wieder auf die Bank. Nachdem die Ehre der Stadt wiederhergestellt ist, genießen wir unser Bier und die Ruhe so früh am Morgen.

Ich muss an die Arbeiter denken, die in vierjähriger Bauzeit diesen Turm errichtet haben. Während die Bauarbeiter zum Ende des 20. Jahrhunderts gerne leere Bierflaschen im Dachstuhl versteckten, haben die Erbauer des Rathausturmes im Jahre 1911 etwas Tiefgründigeres hinterlassen. Vor einiger Zeit fand man versteckt in der Turmspitze ein Dokument der Arbeiter mit den Worten

> »Werter Leser, wenn du diesen Zettel liest, so denk' an uns als längst verstorbene Freunde und kämpfende Proletarier für ein gleiches, direktes, geheimes und allgemeines Wahlrecht.«

Während der Himmel immer heller und das Bier immer weniger wird, entflammt erneut ein von patriotischen Gefühlen genährtes Feuer in meiner Brust. »Dieser Turm ist mehr als die Summe seiner Backsteine, Mörtelschichten und Turmuhren!«, beginne ich ein neues Loblied. »Er ist ein Spiegelbild von uns und dieser rauen und charmanten Stadt und ...« »Bob, das Ding ist doch nun echt nicht schön«, fährt mir Heiko wieder in die Parade. »Ich weiß. Hast du dir unser Äußeres mal genau angeschaut?«, kontere ich grinsend. Die hochgezogenen Brauen signalisieren mir, dass die beiden da nicht ganz meiner Meinung sind. »Er verzichtet auf schnöden Schmuck oder barocke Effekthascherei. Er will nur ...« »Ich hab' zwar keine Kunstgeschichte studiert, aber ich bin mir sicher, dass der Turm einen barocken Jugendstileinschlag genossen hat«, werden meine Flammen erneut erstickt, dieses Mal von Jannis. Aber sofort züngeln sie erneut meine Kehle empor. »Und wenn schon, es geht um sein Inneres. Der ungeschmückte Mantel ist ein unauffälliges Mittel, seine wahre Schönheit zu verschleiern. Sein Inneres. Seine Seele. Sein Herz«, brenne ich hell auf. »Meinst du jetzt den Paternoster?«, fragt Heiko und fängt gleich darauf an zu lachen. Jannis stimmt mit ein. Ich nicke anerkennend. Der uralte Personenumlaufzug ist ein gutes Beispiel.

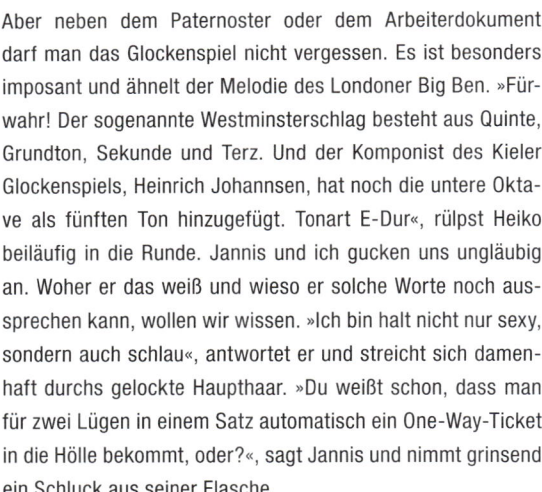

Aber neben dem Paternoster oder dem Arbeiterdokument darf man das Glockenspiel nicht vergessen. Es ist besonders imposant und ähnelt der Melodie des Londoner Big Ben. »Fürwahr! Der sogenannte Westminsterschlag besteht aus Quinte, Grundton, Sekunde und Terz. Und der Komponist des Kieler Glockenspiels, Heinrich Johannsen, hat noch die untere Oktave als fünften Ton hinzugefügt. Tonart E-Dur«, rülpst Heiko beiläufig in die Runde. Jannis und ich gucken uns ungläubig an. Woher er das weiß und wieso er solche Worte noch aussprechen kann, wollen wir wissen. »Ich bin halt nicht nur sexy, sondern auch schlau«, antwortet er und streicht sich damenhaft durchs gelockte Haupthaar. »Du weißt schon, dass man für zwei Lügen in einem Satz automatisch ein One-Way-Ticket in die Hölle bekommt, oder?«, sagt Jannis und nimmt grinsend ein Schluck aus seiner Flasche.

Wie jedes ordentliche deutsche Großbauprojekt war natürlich auch der Kieler Rathausturm mit 4,2 Millionen Goldmark viel teurer als geplant. Der schon damals kreative und zynische Kieler Volksmund unterlegte daher das Glockenspiel sehr schnell mit einem Spottvers. Dieser lautete: Kiel hett keen Geld/ dat weet de Welt/ ob's mal wat kriecht/ dat weet man nich.

Inzwischen ist die Sonne schon fast über die Dächer der Stadt geklettert. Daher beschließen wir, uns auf den Heimweg zu machen. Den Spottvers laut singend, wenden wir dem Turm unseren Rücken zu. Unseren Stolz auf ihn und unsere Stadt allerdings nehmen wir mit.

Der Kieler Rathausturm – exakte Hundertsechs Meter, die jeder mal mit einem Bierchen gewürdigt haben sollte.

Der Alte Botanische Garten
Baumstark und blütenzart

Ich betrete die nordöstliche Ecke des Parks vom Düsternbrooker Weg. Sofort merke ich, dass der Alte Botanische Garten genau die richtige Wahl war. Es ist noch keine 20 Minuten her, da saß ich noch zu Hause am Schreibtisch. Der Becher neben mir beherbergte nur noch eine jämmerlich kleine Pfütze kalten Kaffees und mein Kopf ruhte auf der Tastatur, während ich dazu ruhig und monoton schnarchte. Mit einem freundlichen: »Ey! Sag' mal, verdienst du so dein Geld?«, riss mich mein Mitbewohner jäh aus einem Traum, in dem ich der Unterwasser-Anführer eines Karpfenvolkes war. Ich wischte mir durchs Gesicht und fragte mich, was dieser Traum wohl zu bedeuten hatte? Ich sollte wohl mal wieder Fisch essen, beschloss ich.

»Was denn los? Wie spät ist es?«, fragte ich verpennt. Mein Mitbewohner lachte: »Scheiß Frühjahrsmüdigkeit! Ich bin eben auch im Hörsaal weggepennt. Deswegen gehe ich jetzt 'ne Runde laufen. Kommste mit?«, wurde ich gefragt. Ich stand auf und streckte mich. »Nee, ja also, nee«, stammelte ich in meinen Bart, »aber du hast recht, ich brauche auch ein wenig frische Luft.« Gesagt, getan. Ich packte meine Kamera ein und machte mir zwei Schleifen in die Schuhe. Ohne mich zu verknoten! Frau Borrmann, meine damalige Kindergärtnerin, wäre stolz auf mich gewesen.

Nun stehe ich hier. Den Alten Botanischen Garten direkt vor mir, die Förde ca. hundert Meter hinter mir. Es ist schon ein wenig skurril, wenn man bedenkt, dass einer der hügeligsten botanischen Gärten im ganzen Land gerade hier im platten Norden zu finden ist. Allerdings bietet besonders der höchste Punkt des zwischen 1878 und 1884 angelegten Gartens eine phänomenale Aussicht auf die Kieler Förde. Aber bis zu diesem Aussichtspunkt liegen noch 20 Höhenmeter und geschätzte Pi mal Daumen hundertsechs Streckenmeter vor mir. Ein ziemlicher Marsch also!

Nur einige Schritte weiter schmückt ein wunderschöner kleiner Fachwerkbau den Wegesrand. In diesem versteckt sich das Pumpen- und Bewässerungssystem des Parks. Ich zurre meinen Rucksack fest und beginne ein wenig zu pfeifen. Dann lasse ich das Pumpenhaus hinter mir und schlendere mithilfe einer kleinen Brücke über einen noch kleineren Teich. Der leicht ansteigende Weg dahinter wird überdacht von einigen erhabenen und selten aussehenden Bäumen. Ursprünglich war der Garten zur Anschauung und Beschaffung von Lehrmaterial für den medizinischen Zweig der Uni angelegt worden. Das Gelände gehört noch heute dem Klinikum. Allerdings hat dieses das knapp einen Hektar große Stück Land als öffentliche Parkanlage der Stadt zur Verfügung gestellt.

Nach einigen Metern halte ich an und krame meine Kamera aus dem Rucksack. Die Tausende Frühlingsblumen, die sich auf der Wiese zu meiner Linken den Hang herab tummeln, sind mehr als nur einen flüchtiger Blick wert. Welche Blumen es sind? Keine Ahnung. Für einen Flora-Analphabeten wie mich genügt die fachmännische Bezeichnung »Blümchen« für heute voll und ganz.

Die riesige »Blümchenwiese« endet am alten Garteninspektorenhaus. Dieses wurde 1906 erbaut und dient heute als Literaturhaus Schleswig-Holstein. Hier finden häufig Lesungen statt und auch sonst wird ein abwechslungsreiches Programm geboten. Es wird Zeit für eine kleine Pause. Ich suche mir eine der vielen Bänke, die überall verteilt und versteckt auf Gesäßbesuche warten. Während ich mich zurücklehne und in den blau-weißen Himmel schaue, bewegt der Wind hoch über mir die Äste der riesigen Bäume.

Für einen öffentlichen Park ist der teilweise weit über hundert Jahre alte Baumbestand eine echte Besonderheit und sehr ungewöhnlich. Rindenträger aus allen Teilen der Welt haben sich hier zusammengefunden. Von Japan bis Süd- und Nordamerika oder von einem der größten Ginkgos bis zum wahrscheinlich ältesten Urweltmammutbaum Deutschlands lässt sich hier so mancher Baum, Strauß oder anderes Gewächs bewundern und begutachten.

Nachdem ich einige Momente die herrliche Ruhe genossen und dem einen oder anderen Eichhörnchen beim Streifzug durch die leuchtenden Blüten der vielen Stauden und Sträucher zugesehen habe, mache ich mich wieder auf. Mein Ziel liegt am höchsten Punkt des denkmalgeschützten Parks. Dort oben, über der Förde und dem Alten Botanischen Garten, thront er nämlich. Der Aussichtspavillon. Dieser spätromanische Backsteinbau diente damals nicht nur als Aussichtspunkt, sondern er bot den Studenten auch Unterschlupf, wenn mal wieder Schietwetter war.

Die Rückseite dieses schönen achteckigen Bauwerks ist, bis auf ein großes Fenster, vollständig zugewachsen und bildet eine harmonische Symbiose mit der malerischen Umgebung des Alten Botanischen Gartens. Erbaut wurde der Pavillon 1891. Heute dient er auch als dauerhafter Ausstellungsraum über die Geschichte der Botanischen Gärten in Kiel. Ich steige die Außentreppe des Pavillons hoch und finde mich unter einer filigranen Eisenkuppel wieder. Von hier oben lässt sich durch die Bäume quer übers Wasser bis zu den HDW-Kränen schauen. Die Sonne scheint. Möwen und andere Vögel schimpfen über mir um die Wette. Der Wind weht mir die Haare ins Gesicht. Frühling! Herrlich!

Der Alte Botanische Garten – hundertsechs abwechslungsreiche Meter, die jeder Kieler mal durchstreift haben sollte.

73

Der Falckensteiner (Hunde-)Strand
Von kalten Schnauzen und heißem Kaffee

Ein nach Hilfe rufender, blond gelockter junger Mann schießt an meiner rechten Flanke vorbei. Dicht dahinter und schnell näher kommend folgt ihm ein bellendes Konglomerat aus Pfoten, Schnauzen und wedelnden Schwänzen. Wieder ein Stückchen hinter diesem vom Jagdtrieb gehetzten Rudel kommen circa fünf, wild mit den Armen gestikulierende Herrchen und Frauchen angelaufen. Mit laut schreienden Ausrufen passieren sie uns und versuchen, ihre Alpha-Stellung mit lauten Befehlen wiederherzustellen. »Haaaalt! Ronny, du böser Hund. BÖSER HUND!« oder »Justin und Prinzessin Fini bei Fuß, ihr beiden!« Als Letztes kommt ein keuchender Bodybuilder im T-Shirt: »Killer, Sniper, lasst den Mann in Ruhe! AUS!« Wir drehen uns um und unsere Blicke folgen diesem für Außenstehende sehr lustigen Schauspiel. »Der arme Kerl. Na, immerhin kann er klettern«, sagt Franzi lächelnd und zeigt auf die arme Seele, die sich gerade auf den Hochstand eines Rettungsschwimmers gerettet hat.

Wir wenden uns wieder dem Wasser zu und gehen noch ein Stück, bis wir komplett im Sand stehen. Es ist ein Sonntag. Kein Schnee, der Himmel ist blau und sogar die Sonne scheint. Ein geiler Wintertag! »Meine Fresse, ist das voll hier«, sage ich erstaunt und setze mich in den von der Sonne leicht aufgewärmten Sand. »Ja, bei gutem Wetter und Wochenende ist hier immer die Hölle los«, sagt Franzi und macht es sich neben mir bequem. Ich hole eine Thermoskanne und zwei Becher aus einem Rucksack. »Darf ich Ihnen einen Becher KKK kredenzen?«, frage ich freundlich und mit großer Geste. »KKK? Rennst du neuerdings mit einem weißen Bettlaken auf dem Kopf durch die Gegend und skandierst Schwachsinn?«, fragt Franzi. »Nein! KKK steht für ›Köstlich-koffeinfreier-Kaffee‹«, verkünde ich empört. Wobei ich zugeben muss, dass ich an der Abkürzung mit Hinblick auf den geschichtlich doch eher dunklen Zwilling noch einmal arbeiten sollte.

Balu und Snöre toben 50 Meter von uns entfernt über den Strand und jagen sich gegenseitig. Die beiden Hunde gehören Jan, Franzis Mann aus zweiter Ehe, und sind zum Glück gut erzogen, sodass sie keine harmlosen Strandbesucher jagen. »Aber es ist schon richtig geil hier. Die Doggys haben ohne Ende Platz und andere Hunde zum Spielen sind auch vorhanden«, gebe ich kaffeeschlürfend von mir. »Ja, aber auch nur von Oktober bis April«, schlürft Franzi zurück. »Zur Saison werden die Hunde und ihre Besitzer dann wieder auf ein circa 300 Meter langes, extrem steiniges und außerdem sehr hässliches Stück Strand verscheucht.«

Der Falckensteiner Hundestrand ist im Sommer wohl das einzig »stadtnahe« Stückchen Strand, an dem Familien und Besitzer mit ihrem Hund zusammen baden oder am Strand spielen dürfen. Ein echter Witz, wenn man bedenkt, über wie viele Meter Strand unsere Stadt verfügt und wie viele Hunde es bei uns gibt. Im Winter dagegen ist alles »tutti Napoli«. Da kann man ohne Probleme von Falckenstein bis nach Eckernförde mit dem Hund im Sand laufen, ohne sanktioniert oder angemault zu werden. »Die Hundelobby in Kiel versucht seit einer Ewigkeit, eine Erweiterung des Hundebereichs durchzuboxen. Aber das ist eine Entscheidung der Politik und die haben da keinen Bock drauf«, erklärt mir Franzi und schenkt uns nach. Balu und Snöre haben in der Zeit einen alten Ast gefunden und schleppen diesen zu uns herüber. Schwanzwedelnd spucken sie uns ihr drittes Crewmitglied vor die Füße. Ein fragender Ausdruck schwappt über mein Gesicht. »Ähhh, danke schön, Balu. Das hast du ganz fein gemacht. Braver Hund!«, bestätige ich dem Bordercollie-Mischling, während ich ihm sanft auf den Kopf klopfe. Das Lachen neben mir verrät, dass ich tierische Zeichensprache

wohl eher schlecht bis gar nicht verstehe. »Was machst du denn da, du Idiot? Der ist doch nicht zurückgeblieben.« Franzi steht auf und nimmt sich den Stock. Die beiden Vierbeiner bellen freudig auf und drehen sich wie verrückt im Kreis. »Toll, jetzt hast du sie kaputtgemacht«, schimpfe ich mit meiner blonden Strandbegleitung. Mit einer an einen olympischen Diskuswerfer erinnernden Bewegung feuert Franzi den Stock über den Strand. Im selben Augenblick endet ein für mich unsichtbarer Countdown und Balu und Snöre schießen dem fliegenden Hölzchen hinterher, sodass jede Kurzstreckenrakete neidisch werden würde. »Hol das Stöckchen« heißt diese lustige Art des Zeitvertreibs und ist so eine Art hundischer Volkssport Nummer eins. Nachdem auch ich die nicht wirklich existierenden Regeln begriffen habe, verbringen Franzi, ich und die beiden Hinterteilbeschnupperer den Mittag in Sichtweite zum Leuchtturm und winken den dicken Pötten, wenn sie auf der Förde vorbeirudern. Das Wasser ist voller Kiter, die ihre Schirme am blauen Himmel wuseln und fliegen lassen. Normalerweise ist der Friedrichsorter Leuchtturm kein Hot-Spot für Kitesurfer, aber heute kommt der Wind perfekt aus südlicher Richtung.

Der Leuchtturm von Friedrichsort ist ein echtes Wahrzeichen von Kiel. Fast 32 Meter hoch ragt er von seiner kleinen Insel direkt vorm Strand auf. Hier an der engsten Stelle der Förde kommt es auf Wind und Wetter an, ob die Insel mit trockenen Füßen zu erreichen ist. An dieser Stelle steht bereits seit 1815 ein Leuchtfeuer. 1866 wurde hier dann ein richtiger Leuchtturm erbaut. Dieser lotste dann über hundert Jahre die Seefahrer sicher in die Förde und wieder heraus. 1971 wurde dann ein neuer, der heutige Friedrichsorter Leuchtturm, in Betrieb genommen. Das Turmhaus des alten Leuchtturms wurde 2003 an der Friedrichsorter Straße am Beginn der Fußgängerzone aufgestellt und lotst nun die Bewohner und Besucher gleichermaßen in die Einkaufsstraße des über 2.000 Einwohner großen Stadtteils.

Als wir einige Zeit später den Strand verlassen und wieder zum Auto zurückkehren, kommt uns ein graubrauner Dackel mit einem bunten Etwas in der Schnauze entgegen. »Hatte der arme Kerl, der auf den Hochstand geflohen ist, nicht so eine Mütze auf?«, stelle ich erstaunt fest. »Killer, komm jetzt her!«, schimpft der riesige Bodybuilder-Typ dem kurzbeinigen Wanderflokati hinterher. »Gib dem armen Mann endlich seine Mütze wieder!«

Der Falckensteiner Strand im Winter – Hundertsechs Meter, die jeder Kieler mal zusammen mit seinem »besten Freund« besucht haben sollte.

Meine Finger bewegen sich elegant und schnell. Sie schubsen ein Buch nach dem anderen nach vorne und geben den Blick auf das dahinter liegende Stück Druckkunst frei. Die unendliche Geschichte von Michael Ende? Neee, dauert zu lange. Die Säulen der Erde von Ken Follett? Neee, Architektur war noch nie mein Ding. Meine Finger schubsen weiter. »Hallo, dein Käffchen wird kalt. Bücher shoppen kannst du auch später noch«, ruft man mich an den Tisch zurück. Ich verlasse den kleinen, selbst zusammengeklöppelten Bücherwagen und setze mich an den Tisch zu den beiden Mädels.

Der Tiessenkai

Tango an der Kante

»Uni, das Ding hier ist echt geil«, sage ich begeistert, »so ein cooles, kuscheliges und maritimes Café habe ich hier in Kiel noch nicht gesehen. Und die verkaufen sogar Bücher für einen Euro das Stück«, beende ich meine Lobeshymne mit einem Grinsen im Gesicht. »Siehste!«, weht es stolz vom anderen Tischufer herüber, »Ich hab' doch gesagt, dass es hier richtig toll ist.« Ich trinke einen Schluck Kaffee, lehne mich zurück und lasse meinen Blick über den Kanal schweifen. Ein Stückchen weiter rechts von uns werden Frachter, Boote und Kutter nach und nach aus dem Nord-Ostsee-Kanal durch die Schleuse gedrückt und in die Kieler Förde entlassen.

Es ist höchstens eine Woche her, dass mein Handy die Stille um mich herum zerstörte und aus der Hörmuschel Unis Stimme knarrte. »Ich hab' da ein ganz cooles Café entdeckt. Da müssen wir unbedingt mal hin«, wurde mir freudig verkündet, »das liegt direkt am Tiessenkai und ist ein ehemaliger Schifffahrtsladen, der zum Café umgebaut wurde.« Da ich immer für jegliche Art von Pausen oder maritimem Schnickschnack zu begeistern bin, war schnell ein Termin gefunden.

Und hier sitzen wir nun. Uni, ihre Tochter Celaya und ich. Genießen selbstgemachten Kuchen, orange Fritz-Cola und Käffchen. Der Wind ist frisch, aber nicht kalt. Über uns findet die Sonne im Kampf gegen eine Armee flauschiger Wolken, die versuchen, den Himmel einzunehmen, immer wieder große Lücken. Es ist Herbst in Kiel. Herrlich!

»Ist aber schon ein bisschen unkreativ, oder?«, frage ich. »Was denn?«, will Celaya sofort wissen. »Na ja, das Café einfach nach dem Standort zu benennen. Tiessenkai und Tiessen-Café«, erkläre ich. »Da sieht man mal wieder, wie wenig Ahnung du von Kiel hast«, sagt Uni lächelnd. *»Es ist nicht das Café, das nach dem Kai benannt wurde, sondern umgekehrt«, wird mir erklärt. »Den Schifffahrtsladen Tiessen gab es schon lange vor dem Zweiten Weltkrieg. In Schifffahrerkreisen war das hier schon vor 50 Jahren der Tiessenkai und wurde dann später von der Stadt auch offiziell so genannt.«*

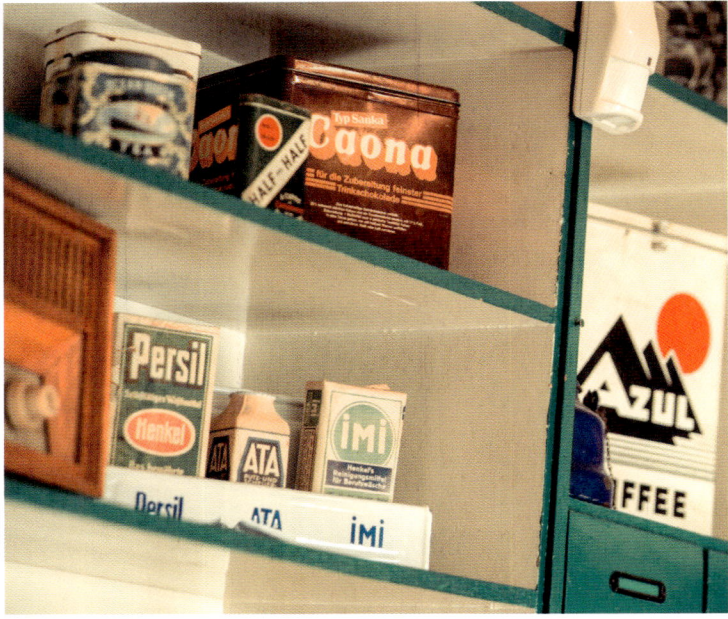

»Aber vor 50 Jahren gab es noch keine Fritz-Cola hier«, schmeißt auch Celaya ihr Wissen in die Runde. »Das stimmt«, gebe ich ihr lachend recht. »Aber dafür konntest du hier alles andere kaufen, was man so auf dem Schiff braucht«, setzt Uni ihre Geschichtsstunde fort. »Von der Glühbirne über Decken und Lebensmittel gab es wirklich fast alles hier. Ich habe mal gelesen, dass ein Kapitän sogar ein Klavier und 10.000 Tennisbälle bestellt hat und Tiessen hat sie geliefert.«

Ich lehne mich mit einem beeindruckten Nicken zurück und lasse meinen Blick über die kurze Kopfsteinpflasterstraße auf das Wasser segeln.

Das Café ist an diesem Tag gut besucht. Viele versuchen, die letzten Sonnenstrahlen des Jahres einzufangen, um sie für den Winter zu speichern. Aber nicht nur draußen gibt es viel zu gucken. Das Interieur dieses schnuckeligen Gebäudes ähnelt schon eher einem Museum als einem Café. An der Decke hängen unzählige Laternen, Anker und anderes Schifffahrtszeug. In den alten Regalen stehen jede Menge noch ältere Dosen und Funkgeräte. Umzingelt werden diese dann von gemütlichen Oma-Sofas und Opa-Sesseln.

Die Kirsche auf der Torte des Tiessen-Cafés ist allerdings die wohl kleinste Tango-Tanzfläche Kiels. Ach was, wieso so bescheiden? Der Welt! An vielen verschiedenen Abenden wird hier regelmäßig Tango getanzt, bei gutem Wetter sogar draußen am Kai. Mehr Kult geht nicht.

Wir trinken aus und verlassen das Café. »Ich brauche noch eine neue Tasche«, sagt Uni. »Wann brauchen Frauen das nicht?«, frage ich. Der leichte Schlag auf meinen Oberarm zeigt mir, dass sie meine Meinung teilt. Sie deutet auf eines der süßen Kontorhäuser ein paar Meter weiter. »Bootsmann-Taschen« steht über der Tür. »Das nächste echte Kieler Unternehmen auf dieser Ecke«, belehrt mich Uni. Die Mädels stürmen in den Bootsmann-Laden, fest entschlossen, ihr Taschenarsenal zu erweitern. Ich warte draußen, drehe mich um und gehe an die Kaimauer. Die Wolken haben inzwischen ihr Gewand von alpinaweiß zu einem leichten Mausgrau verdreckt. Der Wind frischt auf und weht den Salzgeruch vom Wasser herüber und mir meine Haare ins Gesicht. Ich schüttele mich kurz, atme tief ein und muss lächeln. Mein Kopf schwenkt nach rechts. Nicht allzu fern kann ich die Hochbrücke und die Schleuse sehen. Direkt vor mir liegt die Einmündung in die Förde und zu meiner Linken das Ostufer. Unter mir schwappen die Wellen an die Kaimauer und über mir krakeelen die Möwen. Umgeben vom Norden!

Der Tiessenkai – Hundertsechs Meter Kiel, die jeder im Herbst mal erlebt haben sollte.

Das Eiderbad

Familiäres Abtauchen

»Wenn das so weitergeht, können wir ... ›Hundertsechs Meter Kiel‹ bald in ... ›Die lebensbedrohlichen Abenteuer eines Nichtschwimmers‹ ... umbenennen«. Im Lachen des Verlegers klingt weder Mitgefühl noch Verständnis für meine vor Todesangst triefende Beschwerde mit. »Nun stell dich mal nicht so an!«, antwortet er barsch. »Kieler sind knallharte Typen, die ziehen schneller als Lucky Luke und sind cooler als Burt Reynolds. Denkst du, Burt Reynolds hat Angst vor einem Freibad?«

»Ich habe keine Angst vor dem Freibad!« Ich versuche, meine Stimme so männlich wie nur möglich klingen zu lassen. »Ich habe Angst vor dem Ertrinken im Freibad. Vor Kurzem habt ihr mich auf die Gorch Fock geschickt, da bin ich auch nur gerade eben mit dem Leben davon gekommen.« Okay, okay. Der Dreimaster lag vor Anker am Pier, aber diese Monsterwellen können ja aus dem Nichts kommen, wie wir wissen. »Ich will keine Widerworte mehr hören! Herr Bertz erwartet dich. Nimm deine Betonschuhe in die Hand und ab in den Stadtteil Hammer!« Meine geplante Weigerung wird von einem langgezogenen Piepton abgewürgt. Ich lege den Hörer auf und bekreuzige mich. Dafür, dass ich nicht gläubig bin, mache ich das in letzter Zeit sehr häufig.

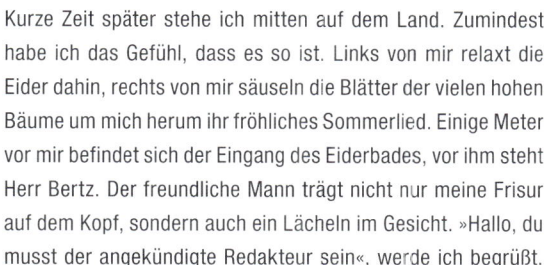

Kurze Zeit später stehe ich mitten auf dem Land. Zumindest habe ich das Gefühl, dass es so ist. Links von mir relaxt die Eider dahin, rechts von mir säuseln die Blätter der vielen hohen Bäume um mich herum ihr fröhliches Sommerlied. Einige Meter vor mir befindet sich der Eingang des Eiderbades, vor ihm steht Herr Bertz. Der freundliche Mann trägt nicht nur meine Frisur auf dem Kopf, sondern auch ein Lächeln im Gesicht. »Hallo, du musst der angekündigte Redakteur sein«, werde ich begrüßt.

Nachdem er mir glaubhaft versichert, dass ich keine Rettungsweste brauche und die Bademeister ein Auge auf mich haben werden, schlendern wir durch das Eingangstor auf die Wiese des Eiderbades. Herr Bertz ist Angestellter der Stiftung Drachensee. Diese Stiftung kümmert sich um Menschen mit Behinderung in allen Lebenslagen. Egal ob im Bereich Arbeit, Wohnen oder Freizeit.

»Aus diesem Grund trat 2005 die Stadt Kiel an uns heran und fragte, ob wir nicht in ihrem Auftrag das Eiderbad betreiben möchten«, erzählt mir Herr Bertz. »Wir fanden die Idee gleich super. Das Eiderbad ist einfach eine perfekte Möglichkeit zur Inklusion von Menschen mit Behinderungen in den Alltag mit anderen Menschen.«

Wir setzen uns auf eine Bank und er erklärt mir, was er und die Drachenseemitstreiter alles im Eiderbad erledigen: »Insgesamt arbeiten hier sieben Mitarbeiterinnen und Mitarbeiter aus unseren Einrichtungen. Dazu kommen noch eineinhalb besetzte Stellen über die städtische Bäder GmbH. Wir erledigen hier eigentlich alles. Vom Rasenmähen, Instandhaltung bis hin zum Pommesverkauf in unserem Imbiss.« Dass dies weiß Gott keine lockere Hängepartie ist, zeigen schon die nackten Zahlen. Fast 9.500 Besucher, davon circa 3.500 Kinder, zählte das Eiderbad im Jahr 2012. Ich schaue mich um und genieße eine Weile den Blick. Am Beckenrand tummeln sich viele Kinder und diskutieren, wie sie am besten ins Wasser springen sollten. Nur 50 Meter weiter lachen ein paar andere auf einer großen Schaukel. Trotz der spielenden Kinder fällt mir schnell die Ruhe auf, die dieser Ort im Vergleich zur hektischen Innenstadt ausstrahlt. Sonne und ein leichter Wind sorgen dann endgültig für ein entspanntes Lächeln in meinem Gesicht.

»Das ist Herr Roth«, reißt mich Herr Bertz wieder zurück in die Realität. Ich habe gar nicht mitbekommen, dass sich noch jemand auf unsere Bank gesetzt hat. »Er ist freiwilliger, ehrenamtlich tätiger Helfer hier im Eiderbad. Wir nennen ihn gerne den guten Geist des Eiderbades«, flüstert Herr Bertz mir geheimnisvoll zu. Wie man denn dazu kommt, hier ehrenamtlich aktiv zu werden, möchte ich gerne von Herrn Roth wissen. »Nun ja, ich finde, es ist eine tolle Sache, draußen zu sein und sich um etwas zu kümmern und es zu pflegen, was so vielen Kindern und Erwachsenen Freude bereitet«, beginnt er seine Antwort. »Natürlich haben wir in Kiel viel Strand und Meer. Aber wenn man ehrlich ist, dann ist ein Tag am Strand für viele Familien sehr stressig, zeitaufwändig und auch teuer. Hier zahlt man keine Parkplatzgebühr, der Eintritt ist mit 1,20 € pro Kind und 2,20 € pro Erwachsenem wirklich fair. Die Pommes sind bezahlbar und man muss nicht erst 'ne Weile fahren, bis man am überfüllten Strand ist. Es ist also eine tolle Alternative für Familien, wie ich finde.« Die Gesichter der Eltern um uns herum und das Lachen der Kinder untermauern diese Aussage visuell und akustisch gleichermaßen. „Das stimmt", bestätigt ihn Herr Bertz. »Wir haben das Fünf-Euro-Prinzip. Das heißt, dass ein Kind hier für Eintritt, eine Portion Pommes und etwas zu trinken immer mit fünf Euro hinkommt. Das ist uns sehr wichtig.« »Außerdem ist das Eiderbad auch für unseren Stadtteil eine tolle Sache«, erzählt nun wieder Herr Roth. »Hammer hat ja außer einem Frisör quasi nichts mehr zu bieten. Das ist schade und daher ist dieser Ort umso erhaltenswerter.«

Man braucht sich nur kurz umzusehen, um zu verstehen, was damit gemeint ist. Tatsächlich hat die ganze Atmosphäre hier etwas von einem Abenteuerspielplatz mit Wohlfühlfaktor. Die Eltern liegen in der Sonne oder unterhalten sich, während die Kleinen frei herumtigern. Durch die Tatsache, dass das Areal abgegrenzt ist, kann kein Kind verloren gehen oder ausbüxen. Entspannung für die Eltern, unzählige Möglichkeiten, Spaß zu haben oder zu baden für die Kinder. Ich nehme meine Kamera und schieße noch einige Fotos. Die Bilder vom Schwimmbecken mache ich aus sicherer Entfernung mit dem Teleobjektiv. Danach verabschiede ich mich und verlasse das Eiderbad. Erneut bin ich dem nassen Tod vom Sprungbrett gesprungen!

Das Eiderbad Hammer – Hundertssechs Meter Kiel, die einen Besuch mehr als wert sind!

Der Hauptbahnhof

Die Schönheit der Hektik

Es ist ein Ort der Zusammenkunft, des Abschiednehmens und der spontanen Sprinteinlagen. An keinem Ort in der Stadt sonst kann man so viele verschiedene Facetten der menschlichen Stimmungskultur beobachten. Wut, Freude und Müdigkeit tummeln sich in so vielen Gesichtern wie sonst nur im Kino bei den Besuchern der grauenvollen Til-Schweiger-Filme. Außerdem ist man nie alleine. Selbst wenn man einen Einzelfahrschein zieht. Zur Rush-Hour sind die Züge einfach so voll, dass sich quasi irgendjemand auf den freien Platz nebenan setzen muss. Herrlich! Der Hauptbahnhof. Hier gibt es interessante Wartegenossen, häufige Übungen zur Aggressionsbewältigung und ungeplante Freizeiten.

Der Kaffee in meiner linken Hand dampft, das Käsebrötchen in meiner rechten tut dies zum Glück nicht. Das Grundrauschen um mich herum hat einen erhöhten Pegel. Das liegt hauptsächlich an den vielen Menschen, die an mir vorbeigehen, eilen oder schlendern. Ich blicke nach oben und erkundschafte die Anzeigetafel, die über mir thront. Zwei von drei Treffern. Kiel/Hamburg und Gleis fünf hatte ich erwartet, die 20 Minuten Verspätung kommen als Überraschung obendrauf. Während sich der eine oder andere Mundwinkel um mich herum in Richtung Bodenplatten bewegt, bleibe ich fröhlich. Es gibt schlimmere Orte, um ein wenig Zeit totzuschlagen. Besonders zur Weihnachtszeit ist der Kieler Hauptbahnhof einen Rundgang wert. Die Decke ist toll geschmückt, der riesige Tannenbaum leuchtet durch die Halle und der Weihnachtsmarkt ist auch um die Ecke.

Der 1899 erbaute Kopf-Bahnhof wurde zwischen 2000 und 2004 grundsaniert und hat dann zwei Jahre später auch noch ein neues Dach bekommen. Seitdem ist er besonders architektonisch gesehen und auch vom Flair her ein echtes Aushängeschild unserer Stadt.

Während sich das Käsebrötchen mittlerweile seinen Weg durch mein Innerstes bahnt, ist der Becher in meiner Hand noch immer warm. Ich nehme einen großen Schluck und hebe meinen Blick zur Decke. Keine Frage, das neue Dach mit Holz zu bestücken, war eine geile Idee. Sieht einfach gut aus. Und das Auge wartet ja bekanntlich mit. Ich löse meinen Blick von der Gebäudemütze und beschließe, mir für die Fahrt doch noch etwas zu lesen einzupacken. Vorbei am Friseur, Tabakladen und dem Bäcker schlendere ich zu »Schmitt & Hahn – Buch und Presse«. Fix was zum Schmökern ausgesucht und dann schnell aus der Sichtweite des Döners, sonst werd' ich wieder schwach. Und auch bloß nicht nach rechts gucken, sonst machen das goldene »M« und »Balzac Coffee« meine Geldbörse ebenfalls schnell leichter. In den über 20 Geschäften lässt sich eigentlich alles besorgen, was man benötigt. Vom »REWE« bis zum Nagelstudio wird hier alles geboten. Ich habe allerdings ein anderes Ziel. Ab nach links zum Blumenladen. Jede Frau freut sich über Blumen! Ich weiß, ich weiß, man sollte meinen, Fotograf und Journalist zu sein, würde reichen, um das weibliche Geschlecht zu beeindrucken und reihenweise abzuschleppen. Tut es aber irgendwie nicht. Warum, kann ich auch nicht sagen.

Während ich überlege, ob Lilien gelungene Begrüßungsblumen sind, kommen auf den Bahnsteigen immer wieder neue Leute an und andere verlassen sie. Circa 40.000 Personen tigern täglich durch den Kieler Hauptbahnhof. Bereits um vier Uhr morgens kaufen die ersten Pendler ihre benötigte Ration Koffein und Schinkencroissant, während die letzten in dieser Zeit das »CASH Café« erst verlassen. Der Hauptbahnhof ist nicht nur eine Verkehrsstation, sondern Treffpunkt, Nahversorger und Veranstaltungsort. Komplette 365 Tage im Jahr von früh bis spät!

Richtig Action gibt es immer, wenn große Handballevents anstehen. Da spielt sich unser Hauptbahnhof als »Der Handballbahnhof« besonders eindrucksvoll und wortwörtlich ins Rampenlicht. Dabei versammeln sich teilweise mehr als 700 Besucher zum Public Viewing in der Eingangshalle.

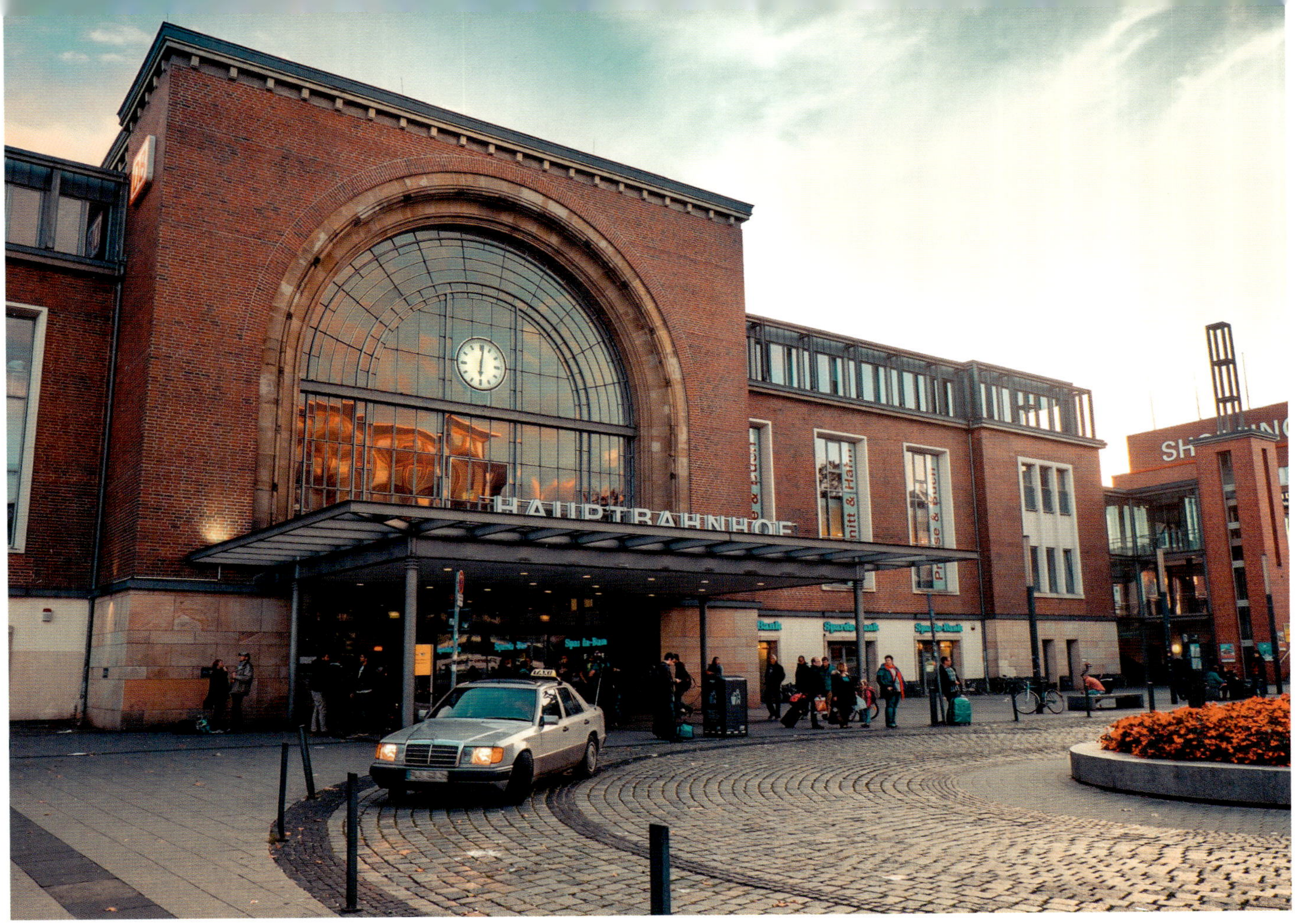
HAUPTBAHNHOF

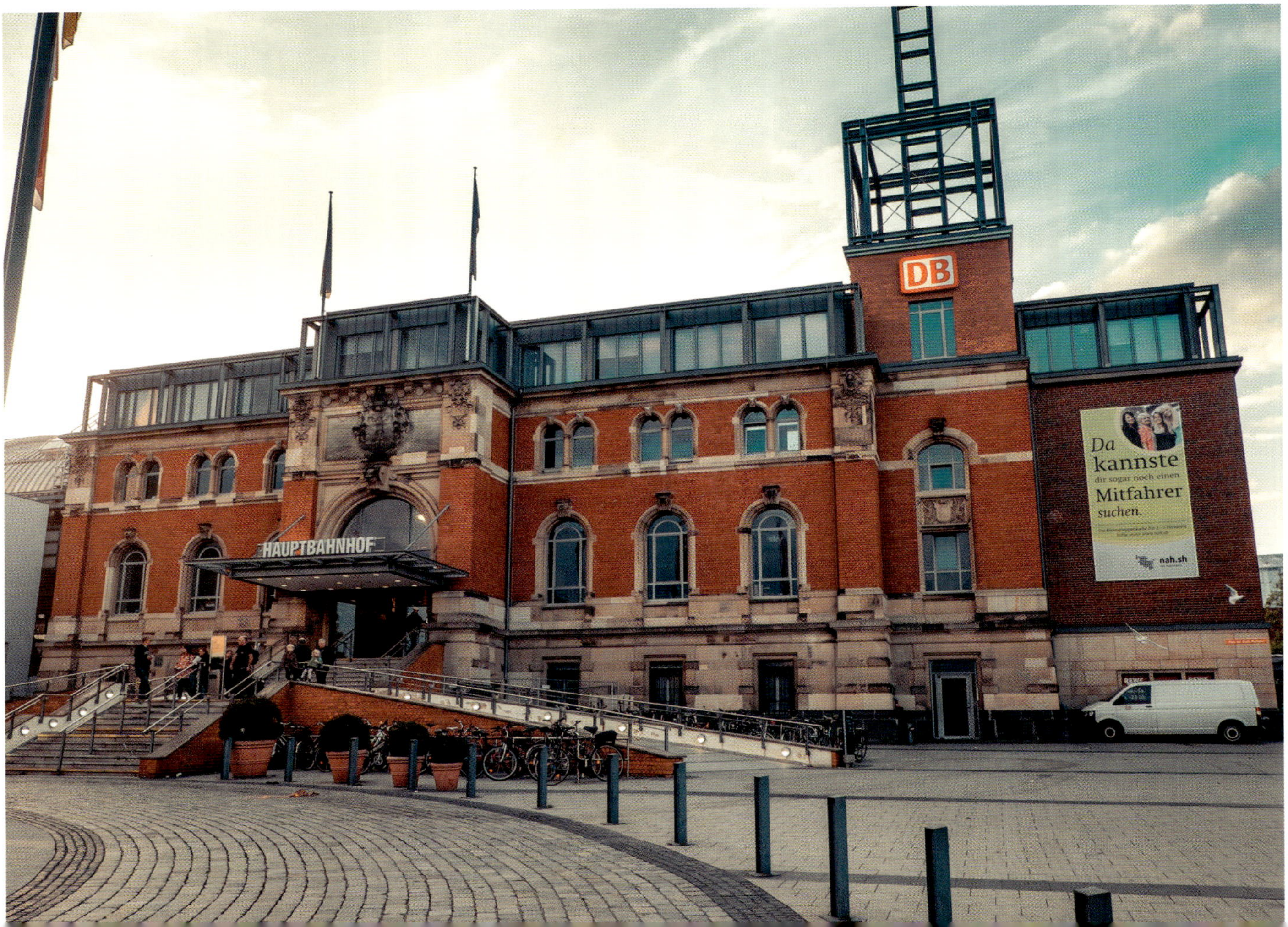
HAUPTBAHNHOF
DB
Da kannste dir sogar noch einen Mitfahrer suchen.
nah.sh

Mittlerweile habe ich mich gegen Lilien und für einen Kaktus entschieden. Ist irgendwie schöner, wie ich finde, und der geht auch nicht gleich kaputt, wenn ich ihn in den Rucksack stecke. Noch einmal schaue ich mich um und genieße die hektische Szenerie. Ich beschließe, dass Trubel auch etwas Schönes an sich haben kann und setze mich in Bewegung. Über mir knackt und knarrt es im Lautsprecher: »Auf Gleis fünf erhält Einfahrt der ICE von Kiel nach Hamburg. Vorsicht am Bahnsteig.« Das klingt wie Musik in meinen Ohren.

Der Kieler Hauptbahnhof – Hundertsechs Meter Kiel, die man auch mal ohne Zeitdruck genießen sollte.

DIE NEUE SCHLEUSE

Vom Schleusen und Singen

Der Nord-Ostsee-Kanal – unendliche Weiten.
Wir befinden uns in einer fernen Zukunft… naja, eigentlich Gegenwart.
Dies sind die Abenteuer der Neuen Kieler Schleuse, die wenige Lichtjahre von der Holtenauer Hochbrücke entfernt steht,
um fremde Welten zu entdecken, unbekannte Lebensformen und neue Zivilisationen.
Die Schleuse drängt dabei Tonnen von Wasser hinfort, die nie ein Mensch zuvor durchschwommen hat…

»Aaaaah aaah haahaaa aaaa ha aaah…« Ich merke erst spät, dass ich mittlerweile recht laut und merkwürdig die Erkennungsmelodie der 90er-Jahre-TV-Serie »Raumschiff Enterprise – Das nächste Jahrhundert« singe. Obwohl ich sie wohl eher im Stile einer schrecklich untalentierten und sich selbst überschätzenden Opernsängerin über die Aussichtsplattform krächze. Wie geisteskrank das wirklich ist, merke ich erst, als eine Mutter neben mir ihre zwei Kinder an sich heranzieht und eine Dose Pfefferspray aus der Handtasche kramt. Ich beende meine trommelfellvergewaltigende Darbietung sofort und verstecke mich aus Scham hinter meiner Kamera.

Während ich so tue, als würde ich fotografieren, schiebt sich direkt vor mir ein »Dicker Pott« mit seiner voluminösen Figur durch die Schleuse. Ich befinde mich auf der Informations- und Aussichtsplattform an der Uferstraße beim Zollamt in der Wik. Ich muss leider sagen, dass diese »Plattform« weder besonders schön noch gemütlich ist. Aber immerhin ist man richtig dicht dran und kann fast die Seemannslieder hören, die mit Sicherheit im Bauch jedes Tankers gesungen werden. Auch wenn man leider von keiner Position aus einen wirklich freien Blick hat. Entweder erschwert einem ein hohes Gitter oder aber die recht angewetzten Scheiben des Unterstandes die Sicht. Nun gut, im Vergleich zum »berühmten« mehrere 100.000 Euro teuren Missgeschick, dem Wiker Balkon mit seiner nur als »phänomenal« zu bezeichnenden Aussicht, kann man hier immerhin wirklich Wasser und Schiffe sehen und bestaunen.

Inbetriebnahme der »Neuen Schleuse« war 1914. Das Wassertor ist also schon über hundert Jahre alt. Hier noch einige weitere Eckdaten: Die Kammern sind circa 310 Meter lang, 42 Meter breit und 14 Meter tief. Insgesamt stehen jeder Kammer je drei Schiebetore zur Verfügung. Durch das mittlere Tor lässt sich die Kammer verkleinern, was bei Bedarf eine schnellere Schleusung ermöglicht. Die durchschnittliche Schleusungsdauer beträgt 45 Minuten. Dabei wird ein Höhenunterschied von 20 bis 30 Zentimetern ausgeglichen. Dieser kann natürlich je nach Lust und Laune von Petrus deutlich variieren. Jährlich werden circa 40.000 bis 50.000 Schiffe mit rund 70 bis 80 Millionen Tonnen Gütern geschleust. Der Schleusenleitstand, die Leitzentrale zur Koordinierung des Schleusenbetriebes, befindet sich auf der Mittelmauer. Wer noch mehr wissen will, sollte sich mal die Kanalausstellung direkt auf dem Schleusengelände anschauen oder gleich die Schleusenführung mitmachen.

Ich habe für den heutigen Tag auf jeden Fall genügend maritime Eindrücke und neue Informationen durch meinen Kopf »geschleust« und verlasse die Aussichtsplattform. Während ich nach unten steige, fange ich wieder an, die Enterprise-Melodie zu summen und in meinem Kopf beginnt erneut eine Stimme zu sprechen: Der Heimweg – unendliche Weiten. Wir befinden uns auf den Stufen der...

Die Neue Schleuse – Hundertsechs Meter Kiel, wo jeder mal den dicken Pötten zugewunken haben sollte.

Der Warleberger Hof

Die geohrfeigte Stadt
und eine Handvoll Hosendiebe

Ich zittere vor Wut. Fingernägel schneiden sich in mein Fleisch. Ich balle meine Hand so fest zur Faust, dass es weh tut. Der Schmerz holt mich zurück in das Hier und Jetzt. »Das ist die lustigste, aber auch dümmste Geschichte, die ich je zum Kieler Umschlag gehört habe«, lacht Frau Dronske. »Ist jeder Journalist so ein Witzbold?« Ich lächle, während ich im Kopf alle Folterfallen aus dem Horrorfilm »Saw« durchgehe. Die qualvoll sterbende Hauptrolle in meinem ganz persönlichen Splatter-Kopfkino hat mein Verleger Matthias. »Ja ja, das war natürlich nur ein Scherz«, antworte ich mit einer lässigen Handbewegung. »Wir nehmen uns gerne mal auf die Schippe in der Branche. Macht riesig Spaß!«

Es ist keine zwei Stunden her, da flog Baron Münchhausen auf seiner Kanonenkugel an mir vorbei und ich Idiot habe ihm auch noch gewunken. »**Du kennst die Entstehungsgeschichte des Kieler Umschlags und des Börgermesters sin Büx nicht?**«, wurde ich ungläubig gefragt. »Doch doch, klar! Hab' ich pflichtbewusst fürs Buch recherchiert. Aber erzähl' noch mal, was du so gehört hast! Nur zum Abgleichen«, versuchte ich aus der peinlichen Wissenslücke, in die ich gerade reingestolpert war, herauszuklettern. »Klingt vernünftig. Hier die Kurzversion«, antwortete Matthias und nahm noch einen Schluck Kaffee aus seinem bunten Hello-Kitty-Becher. »**Im 15. Jahrhundert haben ein paar tätowierte Rabauken wie du unserem ersten Bürgermeister, Asmus Bremer, heimlich seine Hose geklaut und diese dann an einem Mast der Nikolaikirche gehisst. Darüber war der alte Asmus so sauer, dass jeder Kieler sich bei ihm im Rathaus melden musste, um sich dort eine Backpfeife abzuholen. Deswegen heißt das ganze Kieler Umschlag.**«

Im Nachhinein betrachtet hätte ich das unterdrückte Lachen und Prusten, welches sich hinter den Monitoren der Kollegen breit machte, als Zeichen deuten müssen, dass die Wahrheit bei diesem Geschichtscasting wohl eher kein Foto bekommen würde. Aber für mich klangen tätowierte Rabauken plausibel. Mit einem Nicken antwortete ich zustimmend: »Jepp, deckt sich ziemlich genau mit meinen Rechercheergebnissen.« Ich wertete das Grinsen meines Gegenüber als Anerkennung. Jetzt stehe ich hier wie ein Volltrottel. Das hat man eben davon, wenn man Berufsromantiker ist und den Wunsch von netten und respektvollen Kollegen jeden Tag aufs Neue reanimieren muss. Zum Glück hält die freundliche Pressedame des Stadtmuseums Warleberger Hof mich für einen Scherzbold und nicht für den unwissenden Trottel, der ich in diesem Moment bin. Ich folge der immer noch lachenden Frau Dronske in den Keller des geschichtsträchtigen Gebäudes.

Der heutige Warleberger Hof wurde 1616 erbaut und ist der älteste noch erhaltene Adelshof unserer schönen Stadt. In seiner fast 400-jährigen Geschichte überstand er mehrere Kriege, darunter beide Weltkriege und diverse Baumaßnahmen. So wurde beispielsweise 1909 das Gebäude um fünf Meter gekürzt und die gesamte Front nach hinten versetzt. Die zweiflügelige beschnitzte Eingangstür blieb ebenfalls erhalten und heißt noch heute die Besucher des Stadtmuseums mit ausgebreiteten Armen wie ein alter Freund willkommen.

»Hier haben wir die echte Büx vom Börgermester«, erklärt mir meine Begleitung stolz. Wir stehen vor einem alten Vierkantholz, circa zwei Meter lang und schwarz gestrichen. An einem Ende hängt ein quadratisches, rot angemaltes Schild aus Eisen. Auf dieser »Hose« prangt das Wappen der Stadt. »Diese Fahne wurde immer zum Beginn des Kieler Umschlages, einem der wichtigsten Geldmärkte des Landes, am Turm der Nikolaikirche gehisst«, erfahre ich die Wahrheit über den Kieler Umschlag.

»Natürlich, das weiß man als echter Kieler ja«, bestätige ich die Geschichte kopfnickend. »Das wird auch heute noch so gemacht. Die Fahne wird also auch dieses Jahr erneut am Kirchturm wehen und damit offiziell den Kieler Umschlag eröffnen«, verkündet Frau Dronske feierlich.

Neben der wohl berühmtesten Büx der Stadt beherbergt das imposante Tonnengewölbe unter dem Warleberger Hof noch jede Menge weitere interessante Exponate sowie eine wirklich großartige digitalisierte Bildersammlung aus vergangenen Tagen. Aber auch der Keller selbst ist ein geschichtsträchtiges Ausstellungsstück. An den gewölbten Wänden rechts und links von uns befinden sich die uralte Herdanlage und Zisterne des ehemaligen Adelshauses. Sie sitzen an ihren Plätzen wie zwei alte Rentner auf einer Parkbank. Abgenutzt und gebraucht. Aber immer noch frisch genug, Geschichten aus älteren Zeiten zu erzählen. Diese beiden Kellerbewohner erzählen unter anderem, dass hier früher nicht nur gekocht, sondern auch gebraut wurde. »Das Recht zu brauen war damals ein Privileg, welches der Adel nur allzu gerne genoss«, erklärt mir Frau Dronske. Wir verlassen den Keller wieder und lassen die Dauerausstellung zur Kieler Geschichte zurück, um wieder hoch ins Erdgeschoss zu wandern.

Hier und im Obergeschoss befinden sich die Wechselausstellungen zu stadt- und kulturgeschichtlichen Themen. Aber neben der eigentlichen Ausstellung gibt es noch ein weiteres spektakuläres Stück Kieler Geschichte zu bestaunen. Augen nach oben und Kinnlade nach unten, heißt es im sogenannten Barockraum. Hier findet sich die älteste erhaltene Decke in Kiel. Dieses beeindruckende Zeugnis Alt-Kieler Wohnkultur stellt die Geburt der Göttin Athena dar und wurde kurz nach 1700 erschaffen.

Nachdem ich meine Kamera gezückt habe und die Decke für die marlowski-Nachwelt in die Pixel gebrannt habe, erfahre ich, dass der Warleberger Hof seit 1970 Stadtmuseum ist und vorher unter anderem auch der Universität für ihr Anatomisches Institut diente. Hier wurden also Skelette präpariert, zergliedert und gelagert. Ich überlege, ob ich eventuell mal eine Privatführung mit meinem Verleger machen sollte. Am besten nachts, wenn niemand hört, was hier drin vor sich geht.

Ich will ehrlich sein, im stillen Kämmerlein bin ich oft neidisch auf unsere im Sport gnadenlos unterlegenden Erzrivalen Lübeck und Flensburg. Die haben nämlich einen richtig schönen historischen Stadtkern und jede Menge toller alter Gebäude. Leider wurde unserem Kiel dieser Schmuck im Krieg genommen und unwiederbringlich vernichtet. Aber es ist trotzdem eine tolle Sache, hier im Keller des Warleberger Hofs eine Zeitreise zu machen und zu sehen, wie großartig und beeindruckend es auch früher war an unserer schönen Förde. Dafür gebührt dem Stadtmuseum und ihren Mitarbeitern Dank. Sie stellen hier nicht nur alte Kieler Zeitzeugen aus, vielmehr erhalten sie die langsam schwindende Erinnerung an die wunderschönen Anfänge unserer Stadt am Leben. Ich verabschiede mich von Frau Dronske, verlasse das ehemalige Adelspalais und trete durch sein Sandsteinportal auf die Dänische Straße hinaus.

Der Warleberger Hof – Hundertsechs Meter Kiel, die jeder Kieler mal besucht haben sollte. Egal ob mit oder ohne Büx.

Der Schreventeich

Lord Sven oder der zusammengeklöppelte Name

Das entspannte Lächeln auf ihrem hübschen Gesicht ist nicht gespielt. Tina sieht zufrieden aus. Wir legen beide den Kopf in den Nacken und schließen die Augen. Für einen Augenblick sperren wir die visuelle Welt aus. Das Rascheln der Zweige, die hoch über uns thronen, das Wispern derer, die ihre langen Finger tief ins Wasser tauchen, oder das hypnotisierende Knarren der alten Äste dazwischen. Die Instrumente sind gut gestimmt und der Wind gibt heute den Dirigenten im Trauerweidenorchester. Und wir haben Plätze in der ersten Reihe. Alles könnte perfekt sein. Wäre da nicht diese schamlose Lüge zwischen uns.

»Die Kreuzzüge? Bist du dir sicher? Das klingt sehr… unglaubwürdig.« Das zufriedene Glitzern in ihren Augen ist hinter den misstrauisch zusammengekniffen Brauen verschwunden. Das Eis, auf dem ich mich gerade bewege, ist sehr dünn. Ich schlucke und suche in den Weiten meines dünn besiedelten Verstandes nach einem Rettungsanker, einem Argument, das meine Lüge glaubwürdiger erscheinen lässt. »Ich … ääähhh … « Panik! Das Eis bekommt erste Risse. Gleich gehe ich baden. Panik! »Lord Sven Schreven war einer der bedeutendsten Ritter zu Beginn der Kreuzzüge«, spinnt mein Hirn in Windeseile die nächste Unwahrheit. »Und er kam aus Kiel. Zu seinen Ehren wurde dieser Teich nach ihm benannt. Der ›Schreventeich‹!«

Tina schaut immer noch ungläubig, aber da sie erst seit drei Monaten hier in Kiel lebt, merkt sie noch nicht, dass ich Schwachsinn rede. »Klingt trotzdem komisch«, winkt sie ab und glaubt mir meine schlecht vorbereitete Märchenstunde. »Ich würde ein hübsches Mädchen wie dich nie anlügen«, lüge ich erneut grinsend. »Dat is dummes Tüüch, du Dösbaddel!« Keiner von uns hat den alten Mann auf der Bank neben uns bemerkt. Seine Pfeife dampft fröhlich vor sich hin und seine Prinz-Heinrich-Mütze sitzt ein wenig schief auf dem weiß behaarten Kopf. »Glööv mol nich allen Schietkram, den der Buttjer dir vorflunkert.« Das Lachen von Tina ist laut und ehrlich. Mein Gesichtsausdruck ist zwar auch ehrlich, aber hat mit Lachen nicht viel zu tun. »Hören Sie mal, ich bin Redakteur für das angesehene marlowski-Magazin. Meine Geschichten sind immer fundiert und gewissenhaft recherchiert«, mache ich mich gerade und versuche entrüstet, meine nie dagewesene Ehre wiederherzustellen.

Das übertrieben zustimmende Nicken des pfeiferauchenden Spielverderbers zieht meinen Protest stark ins Lächerliche. Und zu allem Überfluss muss Tina auch schon wieder grinsen, als sie meine gekränkte Miene sieht. »Sie kennen doch bestimmt die wahre Geschichte des Schreventeichs, oder?«, fragt sie an den neuen Nachbarn gerichtet. »Na kloor!«, kommt es wie aus der Pistole zurückgeschossen. »Pass op, min Dirn, dat werd ik di vertelln. Dat wär domaals wess…« Tinas fragendes Gesicht lässt den Alten stocken. »Du verstehst Plattdeutsch nicht wirklich, oder?«, fragt er lächelnd. Tina und ich schütteln synchron den Kopf. Einen Pfeifenzug später beginnt der Alte von Neuem.

»Der Teich gehörte vor langer Zeit einem Grafen aus der Nähe. Daher wurde er im Volksmund auch ›des Grafen Teich‹ genannt. Auf Plattdeutsch spricht man das ›s Grefens Diek‹ aus. Über die Jahre wurden die Buchstaben immer mehr verschliffen und zusammengeklöppelt, bis das heutige ›Schreventeich‹ dabei heraus kam.«

Der Alte dreht sich von uns weg und lässt seinen Blick über den Teich wandern. »Ritter Schreven! Selten so einen Scheiß gehört«, kichert er in seinen Bart. Auch Tina muss wieder lachen. »Du musst zugeben, dass seine Geschichte glaubwürdiger klingt«, stößt sie mich an, während ich auf der Bank schmolle. »Ja, kann schon sein. Vielleicht hab' ich da die eine oder andere Sache verwechselt«, gebe ich kleinlaut zu.

»Aber ganz sicher bin ich mir bei den Größenangaben! Der gesamte Schrevenpark erstreckt sich über eine Fläche von circa 550 mal 300 Meter und die Joggerstrecke außen herum misst ziemlich genau 1,35 Kilometer.« Erwartungsfroh schaue ich Tina an, ob ich mit diesem beeindruckenden Zahlenberg wieder punkten kann. Sie dreht ihren Kopf von rechts, über die große Wiese hinweg, nach links zum Ende des Teiches. »Ja, das könnte stimmen«, gibt sie zustimmend nickend von sich. Jetzt schaue auch ich wieder fröhlicher drein. Ich bin wieder im Spiel!

»Aber weißt du auch, wie der Park vorher hieß und wann er umbenannt wurde?«, werde ich erneut von der anderen Bank aus bloßgestellt. »Nee, das weiß er bestimmt nicht. Bitte erzählen Sie es uns!«, antwortet meine schlanke Begleitung wissbegierig für mich.

Ein paar Gänse haben sich langsam an uns herangeschlichen und knabbern alles, was essbar ist, um unsere Bank herum in sich hinein. »Verdammte Viecher! Die kacken alles voll«, beschwert sich der Seebär. Er hat zwar recht, aber lachen müssen wir trotzdem. »Im Krieg wurde der Park dann fast völlig zerstört und man musste einige Bombenkrater wieder zuschütten, um hier erneut einen Park anzulegen«, geht sein Geschichtsunterricht weiter. »Und danach wurde der Park dann in Schreventeich umbenannt«, werfe ich ein, ohne mich vorher gemeldet zu haben. »Blitzmerker!«, degradiert er mich wieder zum Klassenclown. »Aber recht hast du ja«, bekomme ich doch noch mein Lob.

Nach einer Weile steht der Alte auf, lüftet seine Mütze Tina zu und schüttelt in meine Richtung den Kopf. Wir bleiben noch eine Weile sitzen. Die gedämpfte Geräuschkulisse der großen Parkwiese weckt nach einiger Zeit Tinas Aufmerksamkeit. »Komm, wir gehen uns noch ein Bier vom Castello holen!«, fordere ich Tina auf. Gesagt, getan! Wir setzen uns zwischen die grillende, frisbeewerfende, slacklinende, altklug

»Irgendwann um 1900 herum wurde um den Teich ein Park angelegt, um den Stadtbewohnern einen Ort zum Ausruhen zu schaffen. Zu Ehren einer der bedeutendsten Dynastien in unserem Land, den Hohenzollern, wurde er dann Hohenzollernpark genannt.«

philosophierende und rumliegende Kieler Studentenschaft. »Ich bin zwar noch nicht sehr lange in Kiel«, prostet Tina mir zu, »aber drei Dinge weiß ich jetzt über den Schrevenpark: Sein Namensgeber ist ein Graf, bei gutem Wetter ist hier Freibadfeeling ohne Ende und die Gänse und Enten kacken hier immer alles voll.« Wir müssen beide lachen und meine kleine Lüge ist fast wieder vergessen. Rumgeknutscht haben wir trotzdem nicht. Verdammter Pfeifenopa!

Der Schreventeich im Schrevenpark –
Hundertsechs Meter Kiel, in denen man nicht lügen sollte!

Kanu-Polo an der Kiellinie
Tauchende Paddel und fliegende Tore

Meine Füße baumeln ins Leere. Ich genieße das sich immer wiederholende Geräusch der seichten Wellen, die unter mir an der Kaimauer zerschellen. Ich lege den Kopf in den Nacken und atme ein. Ich schmecke Salz. Hier und da zerschneidet ein Schrei über mir die gemütliche Feierabendstimmung, aber für einen echten Kieler ist der Schrei einer Möwe wie das Blöken einer Bergziege für den Südtiroler. Das ist Heimat und hat nichts mit Krach zu tun. Ich sitze an der Kiellinie, um genauer zu sein: an ihrem Beginn. Um noch genauer zu sein: auf den Hundertsechs Metern zwischen den Abschnitten B3 und B5. Einer meiner Lieblingsfleckchen in Kiel. Die Promenade direkt an der Förde ist nicht nur Anziehungspunkt schlendernder Touristen, kaffeetrinkender Kieler oder konditionssüchtiger Jogger. Sie ist auch Heimat einer sehr coolen und besonderen Sportart. Dem Kanu-Polo.

Ich taste nach meinem Rucksack und greife mir ein kaltes Bier, öffne es lässig mit einem Feuerzeug und lasse meinen Blick über die Förde schweifen. Etwa 500 Meter rechts von mir liegt die MSC Opera und circa 300 Meter vor mir schippert gerade die Color Fantasy in Richtung Oslo. Die vielen Menschen an Deck winken und der riesige schwimmende Stahl-Leviathan pustet, begleitet von lautem Getöse, Rauch aus seinen mächtigen Schornsteinen. Ich winke zurück. Ein herrliches Plätzchen. Platsch! Ich löse meinen Blick von dem Kreuzfahrtschiff und suche nach der Ursache dieses störenden Geräusches.

Vom Steg zu meiner Linken werden mehrere Kanus zu Wasser gelassen. Zwischen den auf dem Wasser treibenden Ein-Mann-Carbon-Torpedos befindet sich ebenfalls eine Person mit langen blonden Haaren im kühlen Nass. Die blonde Schönheit dreht sich um und paddelt zu mir herüber. Ich nehme erneut einen Schluck Bier und grinse. »Irgendwann musst du hier mal mitmachen und nicht immer nur an der Kaimauer sitzen und Bier trinken«, werde ich aus der Förde heraus auffordernd angesprochen. »Vergiss es, Heiko! Ich bin der perfekte Zuschauer«, antworte ich meinem Mitbewohner. »Ich kann gut klugscheißen, sehe toll aus beim Nichtstun und außerdem kann ich nicht schwimmen.« Heiko lacht. »Stimmt, der echte Vorzeige-Kanu-Polo-Spieler bist du nicht gerade«, sagt mein Zimmernachbar schmunzelnd und spritzt eine Ladung Fördewasser zu mir hoch.

Heiko spielt bereits seit einer Weile Kanu-Polo in Kiel. Die Leidenschaft für das Wasser und die Dynamik dieses Sports haben ihn dazu gebracht. Die Jungs und Mädels der KVK (Kanu-Vereinigung Kiel) klettern in ihre Kanus, schließen die Spritzdecken und bauen die 1,50 Meter über der Wasseroberfläche hängenden Tore auf. Nach einem kurzen Warmmach-Programm fangen die paddelbewaffneten Förde-Gladiatoren zu spielen an.

Mittlerweile gehört mir der Titel des Zuschauers nicht mehr alleine. Der eine oder andere Spaziergänger, Jogger oder Seehundbeckenbesucher hat es sich ebenfalls auf den Bänken oder dem Beton der Kaimauer bequem gemacht und schaut dem wilden Treiben auf dem Wasser zu. Ein älteres Ehepaar neben mir ist dabei, wild zu diskutieren. »Nein, ich glaube, das war Abseits. Obwohl, wer spielt denn eigentlich mit wem?«, fragt die Omi mit dem Strickhut ihren Begleiter. »Woher soll ich das wissen? Ich glaub', die spielen alle allein«, antwortet der Begleiter mit der Prinz-Heinrich-Mütze achselzuckend. Ich räuspere mich. »Wenn Sie mögen, erkläre ich Ihnen kurz mal, wie das Spiel funktioniert«, biete ich mich als fachkundigen Schlaumeier an. »Oh, das wäre ja herzallerliebst, junger Mann«, freut sich der Strickhut.

»Also, gespielt wird fünf gegen fünf. Ziel ist es, den Ball in die hängenden Tore zu werfen wie beim Handball. Nur dass das Tor hier in der Luft hängt und anstatt auf Hallenboden auf dem Wasser gespielt wird«, beginne ich. »Die Schwierigkeit dabei besteht darin, dass die Gegner den Wurf mit ihrem Paddel blocken dürfen und...«

»Gibt es auch so was wie Fouls?«, werde ich von der Prinz-Heinrich-Mütze unterbrochen. »Aber sicher. Es darf zum Beispiel niemand außer dem ballführenden Spieler versenkt werden«, antworte ich. »Jawohl«, freut sich die Prinz-Heinrich-Mütze, »das mit dem Versenken ist ganz nach meinem Geschmack.« Jetzt, da ich mein Insiderwissen weitergegeben habe, widme ich mich wieder dem Spiel. Es ist schnell und dem Anschein nach sehr kraftraubend, da Heiko schon stark am Schnaufen ist und erneut einen Fehlpass fabriziert hat. Ich klatsche und schreie laut: »Wenn du deinem Team wirklich helfen willst, dann mach es wie die Titanic und geh unter!« Das Gelächter der Umstehenden und der in die Höhe gereckte Stinkefinger meines Mitbewohners zeigen mir, dass der Spruch gut angekommen ist.

Die KVK spielt bereits seit 1970 Kanu-Polo. »Kiel hat gute Leute«, sagt Heiko einige Zeit später, während er sich neben mich setzt. Das Training ist vorbei. Sein Kanu liegt noch auf dem Steg und tropft ein bisschen aus. Er pustet tief durch, sein nasses Haar hängt ihm in Strähnen auf die Schultern herunter. »Dich kannst du ja wohl nicht meinen«, sage ich lächelnd. »Hier spielten zum Beispiel schon eine Deutsche Meisterin und ein U21-Weltmeister«, gibt er stolz von sich.

»Bist du nicht sogar norwegischer Meister im Kanu-Polo?«, frage ich ihn. Er nimmt mir das Bier aus der Hand und trinkt. »Ja, bin ich, aber hier bin ich trotzdem nur Wasserträger«, antwortet er nachdenklich. »Mhhh, das spricht entweder für die hohe Qualitätsdichte der KVK oder gegen die Bereitschaft der Norweger, Kanu-Polo zu spielen«, sagt er. Ich verkneife mir eine Antwort und öffne noch ein Bier.

Die Schatten werden länger und die immer tiefer sinkende Sonne taucht die Förde in einen flammenden Schein aus orangefarbenem Licht. Der Wind frischt leicht auf und am anderen Ufer zeichnen sich die Silhouetten der Portalkräne der Howaldtswerke-Deutsche Werft gegen den brennenden Himmel ab. Wir lassen unsere Flaschen aneinander klingen und beglückwünschen uns mit einem synchronen »Prost!«. Ich lehne mich zurück. »Kiel ist geil!«, sage ich zufrieden. Das leichte Nicken neben mir zeigt mir, dass ich diese Meinung nicht exklusiv bestellt habe.

Kanu-Polo an der Kiellinie – Hundertsechs Meter Kiel, die man mal gesehen haben muss.